UN PÈLERIN LYONNAIS
A ROME ET LORETTE EN 174

L'Abbé J.-B. VANEL

UN

PÉLERIN LYONNAIS

À Rome et Lorette en 1749

BIOGRAPHIE — RELATION — NOTES HISTORIQUES

(Extrait du *Bulletin* de la Société littéraire, historique
et archéologique de Lyon)

TRÉVOUX

IMPRIMERIE JULES JEANNIN

1904

UN PÉLERIN LYONNAIS

à Rome et Lorette en 1749.

L'auteur de la relation de voyage, dont il nous semble intéressant de publier les principaux fragments, Mr Visse, passa les trente-quatre dernières années de sa vie à Lyon ; il remplit successivement les charges de professeur, de directeur et de supérieur du séminaire Saint-Irénée. Ses travaux et son zèle y eurent quelque succès ; sa mémoire y demeura longtemps en honneur. Avant de lire les impressions du pieux touriste, il n'est que juste de consacrer quelques pages à rappeler les évènements les plus considérables de sa carrière et à noter les traits les plus saillants de son aimable caractère (1).

Né à Autun, le 31 août 1692, de parents aussi obscurs que privés des dons de la fortune, Jean Visse étudia de bonne heure pour être prêtre et, avant même qu'il

---

(1) On trouvera dans les *Notes historiques sur le Séminaire Saint-Irénée* (Lyon, 1891), la plupart des détails biographiques racontés ici. Nous les avons complétés principalement avec les manuscrits de Mr Gamon, conservés à la Solitude d'Issy, quelques papiers appartenant aux archives du Séminaire de Lyon, et d'autres à la collection célèbre des *Matériaux pour la vie de Mr Emery*, déposée à la bibliothèque de St-Sulpice, cabinet des manuscrits.

fut revêtu de la dignité sacerdotale, il rendit aux autres, en enseignant, le service qu'il avait reçu. Dès le mois d'octobre 1713, c'est-à-dire à peine âgé de vingt et un ans, il entra au petit séminaire, où il fut chargé de la classe d'humanités. Ses élèves ne furent jamais nombreux ; le régime de l'internat, pour les petits comme pour les grands séminaires, fut très lent à prendre et plus long encore à se généraliser. En 1716, la classe comptait quatre élèves ; mais leur régent n'en était pas moins tout dévoué à leur instruction et à leur formation religieuse. L'abbé de St-Aubin, Mr Le Peletier, délégué par le Supérieur général de la compagnie de Saint-Sulpice pour la visite des maisons de province, écrivait de lui ces simples mots, significatifs sous une plume aussi austère et aussi parcimonieuse de compliments que la sienne : « on dit beaucoup de bien de ce bon Monsieur ». Un pareil témoignage était presque une élection pour le noviciat et pour l'entrée dans la famille fondée par Mr Olier. Mr Visse, je le suppose, y fut admis toutes portes ouvertes ; il quitta son pays natal pendant le cours des vacances de 1719 et consacra toute l'année suivante, dans la solitude, aux exercices et aux méditations propres à faire de lui un disciple irréprochable de l'esprit sulpicien. Au début de l'année scolaire 1720, on l'envoya au séminaire d'Angers professer la théologie morale ; bientôt il passa à Nantes avec les mêmes fonctions et, après y être demeuré quatre ans, il revint à Angers ; en 1731, nouvelle translation à Limoges et, en 1738, installation définitive à Lyon, sur le quai St-Clair, qu'il ne quittera plus que pour son éternité.

A cette époque, notre séminaire diocésain avait à sa

tête Mr Fyot de Vaugimois, prêtre de haute distinction, qui en imposait à tous par sa parole, sa piété, son affabilité; le premier des directeurs, qui avait remplacé Mr Josse Le Clerc, si vivement regretté des érudits, se nommait Hyacinthe Bernard; l'économe Claude Guichard. Mr Balthazard du Suchet présidait aux conférences de scolastique et Mr Visse était réservé pour suppléer Mr François Toutain, que de pénibles infirmités réduisaient au silence et au repos. L'archevêque, Mgr de Rochebonne, vieilli, pesant, près de sa fin et songeant à économiser pour ne pas trop tromper les calculs de ses créanciers, avait élu domicile dans un des pavillons et menait le train le plus modeste. Grâce peut-être à cette imposante commensalité, jamais les jeunes clercs n'avaient été plus nombreux; leur régularité était édifiante et leur application aux études digne d'être proposée en exemple. Une mesure pleine d'à-propos et toute récente assurait pour longtemps le recrutement de la commuauté au-dehors et son émulation au-dedans. Saint-Irénée venait d'être agrégé à l'Université de Valence et désormais ses pensionnaires en étaient considérés comme des élèves immatriculés; sans déplacement préalable, sans assistance aux cours, uniquement après les inscriptions accoutumées, ils avaient droit de se présenter aux examens et recevaient les diplômes qui leur permettaient de postuler et d'obtenir les bénéfices réservés aux gradués. Les professeurs, s'ils n'étaient pas docteurs, commençaient par se présenter afin d'obtenir ce titre : ils recevaient ensuite une délégation spéciale qui consacrait l'officialité de leurs leçons. Mr Visse a été le premier, si je ne me trompe, à solliciter le bonnet, sans être soumis à aucune épreuve antérieure qu'à l'examen suprême. La Sorbonne se montrait plus jalouse de maintenir ses règlements et mettait à un autre prix les parchemins qu'elle accordait.

Ce doctorat ne dût être évidemment qu'un jeu, qu'une brillante passe d'armes pour le savant sulpicien rompu, depuis dix-huit ans, à l'enseignement théorique et pratique de la théologie. Il appartenait à ses auditeurs quotidiens de la place Croix-Paquet d'apprécier tout son mérite et de profiter de ses connaissances. Ils ne tardèrent pas à juger de ce qu'il avait de solide ; avec un jugement exercé, ils rencontrèrent chez lui un cœur excellent, une âme modeste, humble, plus préoccupée de satisfaire à ses obligations, même les plus communes, que désireuse de louanges et de bruit. Quoique légèrement embarrassé par un défaut de langue, qui le rendait hésitant et traînant sur certaines syllabes, le maître savait donner un tour piquant à ses discours ; en classe on l'écoutait avec fruit ; les curés, pendant les retraites, goûtaient sa doctrine, ses avis familiers, son expérience des difficultés, des tentations et des peines attachées au ministère paroissial. On l'invitait au-dehors, et nous savons qu'il prêchait assez ordinairement les conférences des clercs de St-Jean dans la chapelle de l'Enfant-Jésus ; à Saint-Nizier, il remplissait le même office auprès des enfants de chœur de cette collégiale et les confessait régulièrement. Si la tradition, qui se grossit fréquemment en passant de bouche en bouche, n'a rien exagéré, ses conversations étaient émaillées de bons mots, de spirituelles saillies, de pointes ironiques, qu'on s'amusait à se répéter de groupe en groupe, pendant les récréations, probablement en les dépouillant de leur innocence et en aggravant leur naïveté.

Quelques-unes de ces malicieuses réparties ont été conservées ; en voici une dont ne se flatta guère l'imprudente fille d'Eve qui l'avait provoquée. M. Visse était un jour sur la Saône, dans le coche d'eau, et prenait part à la conversation par laquelle les voyageurs tuaient le temps. Une dame crut de bon ton et de bonne guerre d'entreprendre l'apologie de son sexe et de soutenir que les femmes l'emportaient de beaucoup sur les hommes. La thèse manquait au moins d'originalité, car il est probable qu'elle se débattait déjà à la sortie du paradis terrestre. Mais l'argument qui l'appuyait dans la circonstance frappa l'attention de notre sulpicien. La femme, disait l'avocat en jupons, vaut mieux que tout le reste, parce que Dieu l'a créée la dernière. Prenez garde, répliqua M. Visse, étonné de cette exégèse originale et imprudente, le dernier ouvrage n'est pas toujours le meilleur, fut-il des mains du Tout-Puissant. En créant le monde, Dieu a imité un architecte quand il bâtit une maison. Il en jette les fondements, il construit l'édifice, il place le toit et, en dernier lieu, il met la girouette. L'apologue n'eut pas besoin de plus long commentaire (1).

L'intéressante excursion dans la Péninsule, dont nous éditons le *Mémoire*, fournit naissance à beaucoup de ces anecdotes, arrangées et amplifiées à mesure qu'elles se colportent, et qui finissent par n'avoir plus rien de commun avec leur authenticité primitive. Le manuscrit du voyageur réduit à des pro-

---

(1) *Matériaux pour la vie de M. Emery*, tom. III, f° 3491.

portions plus vraies et plus simples tout ce qu'on avait brodé sur la réception du pape, l'étonnement des examinateurs, les sympathies des cardinaux et d'autres personnages du Vatican. La physionomie du prêtre, notre compatriote, gagnera certainement à n'être plus enguirlandée d'attributs légendaires et apocryphes qui la gâtaient au lieu de l'éclairer.

Mr Visse entreprit cette longue promenade circulaire, dont Saint-Pierre et Lorette étaient les stations principales, dans l'intention d'achever la convalescence d'une sérieuse maladie qui l'avait conduit à deux pas du tombeau. Il espérait du mouvement et de la distraction un résultat favorable. Dans son ardeur, l'excellent homme avait outrepassé la mesure de ses forces ; corps et esprit s'étaient vengés, en le tenant plusieurs mois au lit et en le forçant à une abondance de remèdes et de sirops que l'apothicaire avaient tarifés 480 livres.

M^r le supérieur de Saint-Sulpice, dans le cours de sa visite générale, arriva à point pour accorder toutes les permissions requises. Le procureur de la maison tira de sa caisse, selon ses propres registres, 180 francs comme supplément, je pense, du viatique mis en réserve par l'intéressé, et les vacances, ouvertes le lendemain de l'Assomption, permirent au directeur de disparaître sans crainte d'être trop tôt rappelé par quelque événement intérieur exigeant sa présence. Le 22 août, il montait en bateau pour la descente du Rhône jusqu'à Avignon.

Il était permis, du reste, de considérer cette visite à la Santa-Casa, comme se rattachant le plus près possible aux coutumes sulpiciennes, en particulier même à celles de St-Irénée. L'histoire de Mr Olier ne men- tionne-t-elle pas les grâces extraordinaires dont la Mère de Dieu favorisa son serviteur dans ce saint lieu ? N'y reçut-il pas en abondance des lumières surnaturelles pour la suite de sa vie et le développement de ses pro- jets d'apostolat encore très indéterminés ? (1)

Son successeur immédiat dans le gouvernement de la paroisse et de la Compagnie de St-Sulpice, Mr de Bretonvilliers, dont la bienveillante protection fut si favorable à l'institution du séminaire de Lyon, ne manqua pas d'imiter cet exemple ; il souhaita prier à son tour dans le sanctuaire où le Verbe de Dieu s'était incarné, et il choisit pour un de ses compagons M^r Ri- goley, destiné à être le troisième supérieur de l'établis- sement de la Croix-Pàquet.

Moins de dix ans après, un directeur, originaire de Bretagne, estimé pour une fidélité inébranlable à sa vocation, connu par son éloquence dans les retraites pastorales, sollicita de Mr Tronson la faveur d'entre- prendre cette sainte pérégrination. Dès le mois de juin 1682, Mr de Tanoarn avait exposé ses désirs, mais il ne reçut d'abord à ses premières ouvertures qu'une réponse à demi-encourageante. Les affaires politiques, ou pour parler plus exactement, les démêlés d'Inno- cent XI et de Louis XIV inquiétaient le prudent et discret supérieur ; le 17 juin, il écrivait qu'il « était plus sage de ne pas s'exposer à la censure de bien des gens auxquels cette dévotion ne plairait pas ». A la fin du mois suivant, le refus est moins absolu ; en août la date du départ est seule différée ; enfin, le 24 août, une

---

(1) M. Faillon : *Vie de M. Olier*, 4e édition, T. p. 31.

lettre apporte la permission de partir et notre pélerin ne chôme pas dans ses préparatifs. Cependant **la curiosité** ne s'accommodant pas trop mal avec la religion, dans ce cas-là, Mʳ de Tanoarn prit envie d'admirer Rome, après avoir baisé le pavé de marbre de Lorette. Mais ce second vœu n'eut pas à Paris la même fortune que le premier. « Il n'est pas possible qu'il aille plus loin », écrit Mʳ Tronson à Mʳ Maillard, supérieur; il exprime ensuite son étonnement de cette façon soudaine de modifier en cours de route un programme arrêté d'avance, et toute sa correspondance témoigne de la peine qu'il ressent d'apprendre qu'un prêtre de vingt-cinq ans de séminaire, comme il dit, ne soit pas un meilleur juge des raisons générales obligeant à repousser sa demande. Si entêté que soit un breton et si loin que l'Adriatique s'étende des bords de la Seine et du quartier St-Germain-des-Prés, Mʳ de Tanoarn sacrifia son désir et obéit. Dès qu'il fut rentré à Lyon, il s'empressa de présenter ses excuses pour sa requête intempestive et sollicita le pardon et l'oubli. Une lettre du 23 novembre lui apporta l'assurance qu'il ne restait rien de ce fâcheux incident (1).

Au besoin, Mʳ Visse aurait donc pu citer des devanciers d'importante notoriété; on ne l'y obligea pas;

---

(1) CORRESPONDANCE MANUSCRITE DE Mʳ TRONSON. — *Séminaire de Lyon.* — Lettres des 17 juin, 29 juin, 6 juillet, 27 juillet, 17 août, 19 août, 24 août, 7 septembre, 23 et 25 novembre. On juge, à la multiplicité de ses lettres, que le vénéré supérieur n'était pas d'une promptitude excessive à donner les permissions. Mʳ Bertrand, prêtre de Sᵗ-Sulpice, professeur au séminaire de Bordeaux, vient de publier un extrait de cette vaste correspondance de Mʳ Tronson, avec un soin et une discrétion dont on ne saurait trop le louer; les lettres adressées à Lyon sont dans le

toutes les barrières s'abaissèrent comme d'elles-mêmes devant son projet et sous ses pas.

Les notes qu'il a prises jour par jour et qu'il a rédigées à tête reposée, après son retour, conservent, à défaut d'autres qualités plus attrayantes, le mérite de l'exactitude. Ce serait tromper le lecteur que de lui promettre des descriptions brillantes, des observations de mœurs, des critiques d'art, des dissertations philosophiques sur l'état social, les constitutions politiques, les tendances scientifiques ou littéraires d'une race ou d'une province. Notre auteur n'a pas le regard aussi étendu ni aussi profond : il voit juste, mais pas très loin, ni très haut : sa perspicacité ne s'exerce que dans un rayon restreint. L'auberge où il descend, la longueur de l'étape, la nonchalance et les ruses de son voiturier, le prix du dîner, l'accueil qu'on prête à ses demandes de *celebret*, la bonne grâce de ceux qui le reçoivent, voilà ce qui l'intéresse et ce qu'il répète autant de fois qu'il est utile, sans se fatiguer.

Pour les monuments des cités qu'il traverse, plus ou moins à la hâte, il signale de préférence les églises, mais en quelques phrases sommaires; il enregistre leurs dimensions : mais il est sobre de descriptions; il énumère les reliques, les autels ; moins souvent il parle des tableaux et des statues. Evidemment il n'a pas d'opinion en architecture et en archéologie; les impressions que produisent en lui les magnificences de l'art sont celles de tout le monde, superficielles et

---

tome premier et comprennent des pp. 420 à 536. L'éditeur en a choisi 99 ; dans le manuscrit, la totalité est de 904. On y trouvera imprimée la lettre à Mr de Tanoarn, du 24 août 1682 (t. I, p. 463).

passagères ; son attention est ailleurs. Néanmoins, cette banalité rétrospective cache un mérite qui n'est pas à dédaigner ; un guide trop clairvoyant substitue fréquemment sa pensée à la pensée commune ; plus il est raffiné et moins il sent et juge comme la foule. L'écrivain gâte le reporter. Ici nous sommes sûrs de posséder le tableau fidèle de ce qu'était, au milieu du xviii° siècle, pour un Français, la promenade circulaire et classique dans la Péninsule.

Ce fut le 22 août, à l'aube blanchissante, que Mr Visse franchit le pont du bateau qui le descendit à Avignon ; de là, par Orgon et Aix, il gagna Marseille. Quatre jours de traversée le menèrent à Gênes ; il reprit alors la terre ferme, passa à Pise, Florence, Sienne, Viterbe, Montefalcone et atteignit Rome le 10 septembre, vingt jours après les adieux à ses collègues.

Nos lecteurs comprendront aisément que nous n'entreprenions pas sur leur curiosité, en résumant les événements capitaux du séjour de Mr Visse dans la cité des papes. Il faut n'apprendre que de sa bouche comment il se logea chez les prêtres de Saint-Vincent-de-Paul à Monte-Citorio, quelles politesses il reçut de l'ambassadeur de France, de Mgr de Canillac, auditeur de rote et chanoine-comte de Saint-Jean; abandonnons-lui la joie de nous raconter la tenue d'un consistoire, l'ouverture du tribunal de la Rote, son étonnement à la bibliothèque vaticane, sa conversation avec Benoît XIV, dans les deux audiences qu'il se ménagea, les livres qu'il obtint et les précieuses indulgences dont il fut gratifié. A lui revient exclusivement le droit d'énumérer tout ce qui toucha sa piété, émut son admiration, enrichit sa mémoire de souvenirs enthousiastes ou d'anecdotes inoubliables.

De Rome à Lorette, la distance fut franchie en cinq journées ; le corricolo, qui emportait notre pélerin avec un compagnon d'occasion, adopté afin de réduire les frais de moitié, toucha successivement Castelnove, Narni, Civitanove, Terni, Spolète, Foligno, Macerata et Recanato, son dernier arrêt. « Le pays répond aux gîtes, qui sont assez mauvais, au moins très malpropres », soupire Mr Visse.

Son langage changera, quand il devra décrire les splendeurs du miraculeux sanctuaire où se conserve la chambre de l'Incarnation, avec quelques objets familiers qu'on dit avoir appartenu à la Mère de Dieu. Il relève toutefois la précipitation désagréable avec laquelle on l'obligea à célébrer la messe ; les rebuffades des sacristains, impolis à son égard, comme pour les autres étrangers, attiédirent sa ferveur. En revanche, il fut accablé à l'excès par les instances des marchands ; il ne leur résista qu'à demi et il emporta une charge de chapelets, de médailles et de statuettes authentiques dont la distribution lui vaudra plus tard beaucoup de remerciements.

La matinée s'était écoulée dans la prière et, sans ressentir sa fatigue, Mr Visse aurait souhaité que l'après-midi fut de même. Mais la mauvaise humeur de son conducteur, insensible aux élans d'une piété qui le retardait, le força d'abréger les oraisons et d'abandonner la sainte Camine bien avant le coucher du soleil ; la première heure du retour sonnait. Que de merveilles cependant, que de chefs-d'œuvre, que de spectacles enchanteurs le nord de l'Italie réserve encore au regard du touriste ; quelles stations que ces villes, aussi fameuses dans l'histoire qu'élégantes dans la parure de leurs monuments immortels : Ancône, Rimini, Bologne, Modène, Parme et Plaisance, Pavie avec le célèbre cloître de sa Chartreuse, Milan et son dôme, Verceil, Turin avec ses rues majestueuses, tirées au cordeau, et leurs arcades si propices aux promeneurs.

La Savoie, pas plus que le Piémont, ne présenta des agréments capables de retenir longtemps un visiteur saturé de pittoresque, de palais et d'églises. Il redoubla de célérité pour les derniers kilomètres, pressé de retrouver sa cellule, ses élèves dont les vacances étaient achevées et les studieux travaux repris, ses livres et ses classes qu'il préfère à tout le reste. Il lui semble que sa place n'est plus sur les grandes routes, ni dans les hôtels. Il franchit le Mont-Cenis en dépit d'un froid glacial, brave les neiges qui menacent de le retenir à Saint-Michel, stationne quelques heures à Montmélian et à Chambéry, et du Pont-de-Beauvoisin brûle indistinctement bourgs et villages jusque chez lui. Enfin, le 6 novembre, avant midi, il embrassait ses confrères, débouclait sa valise et bénissait Dieu de son retour en bonne santé.

Le *Mémoire* que nous éditons s'achève sur ces derniers mots. Il ne reste plus rien à apprendre du théologien en pélerinage. Notre modeste rôle d'introducteur est-il également épuisé ? Qu'on nous excuse de nous imaginer que non et de grossir cette préface biographique, peut-être déjà trop redondante, de quelques pages supplémentaires, réservées à esquisser jusqu'à la fin la laborieuse existence du sulpicien burgundo-lyonnais. D'agréable et facile compagnie, lorsqu'il se délasse, en voyageant, Mr Visse ne cesse pas d'intéresser, après qu'ayant déposé plume et bourdon, il est redevenu le conseiller discret et zélé des jeunes gens qui se confient à ses lumières et à son autorité, uniquement préoccupé de les former au sacerdoce, de les instruire et de les édifier.

On peut affirmer, sans crainte de se tromper, que le lendemain de sa rentrée, il reprit d'un cœur tranquille et d'un pas réglementaire les habitudes de la maison, comme s'il n'avait pas été absent plus de vingt-quatre heures, comme s'il n'avait pas dépassé le pont de la Guillotière ou la campagne de Vassieu. Depuis 1744, il avait été promu au titre de directeur principal, plus spécialement chargé de l'ordre général, de la bonne tenue de la communauté, des relations plus intimes avec les ordinands. Bientôt sa tâche s'agrandit par l'état de faiblesse, où l'âge et les infirmités réduisirent Mr de Vaugimois; il fut nécessaire de le suppléer en bien des cas, sans que le vénérable vieillard prit ombrage de voir sa place tenue par un autre.

Le crédit et les responsabilités de Mr Visse augmentèrent; sa modestie ne changea pas. On lui sut gré de ne pas se dépouiller de sa simplicité et de sa bonhomie coutumières, partout où il était contraint de présider aux thèses solennelles, aux conférences ecclésiastiques, aux discussions des cas de conscience. Personne ne fut trop étonné quand, à la mort de Mr de Vaugimois, survenue le 15 octobre 1758, on apprit que la supériorité était remise entre ses mains.

Dès qu'il fut averti, le 27 novembre, son humilité lui conseilla de décliner une charge dont l'apprentissage, si court qu'il eût été, lui avait révélé les épines secrètes et les lourds embarras. Mais le même courrier qui lui avait apporté les ordres de Mʳ Cousturier, supérieur général de la Compagnie, contenait une lettre de Mᵍʳ l'archevêque, annonçant la nomination au secrétaire général de l'archevêché, Mʳ Carrier. Le bruit s'en répandit immédiatement un peu partout; les félicitations arrivèrent en grand nombre à Saint-Irénée, quand on s'imaginait que le secret était encore gardé. La résistance n'était plus que de pure forme et, tout en suppliant qu'on ne le condamnât point à ce redoutable honneur, le nouvel élu entreprit les visites de bienséance aux vicaires-généraux, aux chanoines, aux dignitaires ecclésiastiques et aux chefs des administrations civiles, tels que l'intendant, le prévôt des marchands, le premier président de la Cour des Monnaies, etc.

C'était à Paris, où il attendait l'expédition de ses bulles, que Mᵍʳ de Montazet avait agréé le choix de Mʳ Visse. Sa personne, son tempérament et ses vertus ne lui étaient pas inconnus, car pendant le séjour de plusieurs semaines que Monseigneur venait de faire à Lyon, en qualité d'administrateur du diocèse, durant la vacance du siège primatial, il avait pris son logement au grand séminaire. Espérait-il rencontrer en lui l'homme docile et souple, prompt à intimider, qui n'opposerait que peu de résistance à des projets déjà probablement conçus dans son esprit et n'allant à rien moins qu'à bouleverser de fond en comble l'économie disciplinaire et financière de l'établissement? Entrait-il aussi dans ses convenances d'accuser davantage le contraste du présent et du passé, en accordant sa confiance et, dit-on même, le soin de sa conscience

à un nouveau supérieur, autant éloigné de ressembler
à l'ancien par l'éducation, les titres, les manières, la
situation devant le monde et l'opinion, qu'il est possible à un sulpicien de différer d'un autre sulpicien ?
La réponse à ces points d'interrogation ne saurait être
que dubitative ; en tous cas, la perspicacité du prélat
n'aurait point égalé sa diplomatie ; en effet, dès qu'il se
déclara, la soumission qu'il avait escomptée se métamor-
phosa en une invincible ténacité, que les déférences
précédentes accentuaient encore davantage par un
contraste évident à tous les yeux.

Je crains que ce caractère, très particulier dans le
début des longues épreuves que Saint-Irénée eut à
subir pendant la durée du gouvernement de Mgr de
Montazet, c'est-à-dire pendant trente années, n'ait pas
été assez nettement accusé par l'auteur anonyme des
Notes historiques. Il ne sera donc pas tout à fait sans
utilité de revenir sur ce côté de la question et de l'é-
claircir à l'aide de documents inexploités.

Si l'expression ne choque qu'à moitié et si on
la souffre, il paraît bien que les premiers mois du régime, inauguré sous tant d'auspices favorables, furent
une lune de miel pour le successeur de Mr de Vaugimois. Le fardeau pesait moins sur ses épaules qu'il ne
l'avait craint ; l'anxiété et le découragement ne ron-
geaient point encore son âme ; ses soixant-sept ans
retrouvaient des élans de jeunesse. En parcourant le
Journal des faits mémorables qu'il a tenu régulièrement, comme l'usage le lui prescrivait, on recueille
les témoignages réitérés et sans atténuation de ses
sympathies et de son attachement pour Mgr l'archevêque ; il le loue sans réserve ; il vante sa distinction

et ses bonnes grâces ; il signale ses allocutions au
clergé, ses discours dans la cathédrale pour l'ouverture
du Jubilé, son aisance à répondre avec justesse aux
difficultés qui lui sont proposées dans les synodes. Il
déclare ses mandements fort beaux, ses sermons au
gré des auditeurs les plus délicats, sa conduite irréprochable devant les juges les plus prévenus (1). Les
Nouvelles Ecclésiastiques, lorsqu'elles traitent des affaires diocésaines et du prélat dont le parti est si fier,
haussent un peu plus le ton ; mais, pour le fond, sulpicien et journaliste, frères ennemis partout ailleurs,
tombent ici d'accord et cōmposent, chacun à leur
manière, un panégyrique sans restriction ; le gâteau
sucré n'est que douceur.

L'archevêque, qui a jadis beaucoup respiré l'air de
Versailles et parlé le langage fleuri des courtisans,
n'est point insensible à cette admiration et à cet encens.
Sa satisfaction éclate dans des visites fréquentes ; il
convoque au séminaire les assemblées synodales ; il
préside les solennités patronales ; il ne dédaigne pas
d'honorer de sa présence les argumentations et les
examens scolaires ; il assiste, par exemple, à la soute-
nance pleine de promesses d'un adolescent chanoine
d'Ainay, futur chanoine de Saint-Paul, le fils du procureur général de la ville, Barthélemy Prost de Grange-
Blanche.

Est-il croyable que tant de courtoisie cachât un
piège et que de Montazet songeât déjà, avec son esprit
tracassier, à ruiner, ou à peu près, l'œuvre que ses
prédécesseurs avaient unanimement protégée ? Mr Visse

---

(1) *Archives de Saint-Irénée :* H. 23.

fut lent à se désillusionner et à ne pas rejeter ses doutes ; son respect et sa droiture répugnaient à prêter à celui qu'il vénérait comme un père, que la Providence avait pris à Autun, une patrie qui lui était si chère, pour l'élever sur le premier siège des Gaules, des intentions hostiles et des projets de réforme aussi néfastes qu'injustes. Cependant Monseigneur ne tarda pas de sortir de la réserve ; il parla bientôt net, en réclamant l'administration directe des deux prieurés de Firminy et de Chandieu, qui formaient le plus clair des revenus de l'institution ; la confiance tomba tout à coup et les rêves de bonne intelligence s'envolèrent ; dans une lettre, en date du 21 septembre 1761, adressée à Mʳ Cousturier, nous possédons les réflexions et les confidences de l'honnête supérieur déçu ; déjà il devine que la guerre est déclarée, il se prépare à défendre les droits menacés ; il repousse d'avance avec indignation et amertume l'état de choses dont on insinue la nécessité et qu'il condamne comme non moins déshonorant qu'appauvrissant (1).

Les soupçons de jansénisme dans les tendances, dans les opinions, dans la pratique des moyens de salut, avaient d'abord été traités de calomnies pures, d'insinuations malhonnêtes. Le successeur du cardinal de Tencin s'était précautionné pour ne pas rompre tout à coup avec les doctrines communément acceptées. De ce côté aussi, la vérité perça clairement et,

---

(1) *Archives du séminaire Saint-Irénée.* — Liasse C 22 *quater.* Mʳ Visse à Mʳ Cousturier, supérieur général ; de Lyon, le 21 mars 1661. A la lettre étaient joints les décrets d'union des prieurés pour établir que le séminaire n'avait aucune reddition à faire des revenus de ces bénéfices.

avant de mourir, Mr Visse eut le pressentiment du péril qui menaçait l'orthodoxie autour de lui; il entrevit ce qu'on exigerait des maîtres auxquels serait abandonnée l'éducation des jeunes clercs; il trembla de crainte à la pensée que la théologie, approuvée par le Saint-Siège, serait répudiée et interdite, que les adversaires de la Constitution *Unigenitus* seraient désormais les seuls prêtres considérés, récompensés et écoutés. Il appela le trépas comme une délivrance.

Au milieu des souffrances les plus aigües de sa dernière maladie, cette vision de l'avenir l'obséda et le tourmenta. Inquiet sur le sort de ceux qu'il quittait, se reprochant de n'avoir pas assez vite découvert les pièges et le danger, malheureux de n'avoir pas signalé le mal avec assez de vivacité, il tint à tout prix à ne pas paraître se solidariser en quoi que ce soit avec des sentiments de morale outrée qu'il condamnait, des desseins que sa conscience réprouverait avec plus d'effroi encore, s'il en connaissait toute l'étendue.

Une tradition, dont il est malheureusement impossible d'établir l'origine, raconte que dans une visite de Mgr de Montazet, le moribond, impatienté, mit une brusque fin aux paroles d'encouragement et d'espoir qu'il écoutait; il se tourna du côté de la muraille, en prononçant ce verset du Psalmiste : *moriatur anima mea morte justorum, quoniam dies mali sunt.* Cette fin tant souhaitée s'accomplit le 26 août 1762 ; ce bon ouvrier de Dieu comptait soixante-dix ans et il exerçait la supériorité depuis trois ans et neuf mois. Destiné à lui succéder, Mr Antoine Denavit expérimentera tout ce que ses paroles suprêmes avaient eu de prophétique; il verra des jours mauvais, la méfiance l'environner, toutes sortes de déboires et d'amertumes l'affliger, le découragement et la peine l'abattre.

Quand on ouvrit le testament du défunt, on eut la preuve sensible de sa charité, de son détachement, de son dévouement aux séminaristes ; il ordonne la vente du peu qu'il laisse, de ses livres qu'il estime à cent écus, de quelques objets tels que sa montre, un couvert d'argent, deux cuillères à café, un gobelet et son étui, de ses vêtements et de son linge, et il veut que le prix en soit distribué aux infirmes des hôpitaux d'Autun, aux pauvres de la paroisse de St-Pierre et aux étudiants peu fortunés de St-Irénée. Un de ses jeunes confrères, Mr de la Garde, reçoit, avec un crucifix d'ivoire, « deux reliquaires propres, contenant des reliques apportées de Rome ». La bibliothèque s'enrichit de la plus belle part de ses dépouilles ; le legs est ainsi libellé :

« Je donne au séminaire de Saint-Irénée les ouvrages de Notre Saint-Père le Pape Benoît XIV, en douze volumes petits in-folios, relieure de Rome, en velain » (1).

Ainsi, jusques sur son lit de mort, le plus cher souvenir de son existence occupait l'esprit de Mr Visse ; en disposant du précieux cadeau qu'il avait reçu, il

---

(1) Testament de Mr Visse, prêtre de St-Sulpice, docteur en théologie, supérieur du séminaire de Saint-Irénée, où il demeure au quartier de St-Clair, reçu par Etienne-Laurent Berthon du Fromental, notaire soussigné, le 9 juillet 1762. *Archives de la Solitude à Issy.*

Le premier paragraphe contient ces mots : « Je recommande mon âme à Dieu et prie les directeurs du séminaire où je mourray, de donner à mon corps la sépulture convenable, mais le plus simplement que faire se pourra. »

rassurait sa foi par une gratitude persévérante à l'égard du vicaire du Christ, il s'encourageait à espérer, en se répétant qu'il n'avait failli à aucune des promesses entendues par son bienfaiteur. On possède toujours à Saint-Irénée le don de Benoît XIV ; chacun des douze volumes porte sur le dos une étiquette avec ces mots : *Ex dono Sanctissimi.* Enlevés pendant la Révolution, ils furent restitués avec le lot de livres que le cardinal Fesch réclama au ministre Chaptal ; à la place d'honneur qu'ils occupent, dans un rapprochement qui n'est pas dépourvu de piquant, ils montrent associé au nom d'un des papes, les plus célèbres de l'histoire, celui du plus humble des prêtres qui sont morts à la tête de notre séminaire diocésain.

Le manuscrit, tel que nous le livrons à l'impression, est autographe ; il forme un cahier in-douze, sous couverture moderne, de 100 pages, de 19 centimètres et demi sur 13 1/2. Deux feuillets, 1 et 2, 11 et 12, ont été déchirés et perdus. L'écriture est très lisible et sans rature. Il est maintenant conservé à la bibliothèque de la Solitude, noviciat de la Compagnie de St-Sulpice, à Issy-sur-Seine. C'est en août 1902 que nous en avons pris copie. Sous la même reliure se trouve en tête l'Explication du règlement général du séminaire Saint-Irénée formant 151 pages plus petites ; elles sont accompagnées de 35 autres pages de notes diverses, méditations, fragments de sermons.

Nous avons cru être agréable à nos lecteurs en ajoutant au texte de M. Visse quelques notes historiques ; nous nous sommes cependant borné aux renseignements biographiques ; le reste nous eut entraîné trop loin et dépassait la compétence de l'éditeur.

RELATION

DU VOYAGE FAIT A ROME ET A LORETTE

PAR M. VISSE, DIRECTEUR AU SÉMINAIRE DE SAINT-IRÉNÉE

DE LYON

Les deux premières pages de cette relation, comme nous l'avons dit, ont été enlevées. M. Visse y parlait probablement de la descente en bateau du port Saint-Antoine à Avignon, qui durait deux journées, ensuite de son séjour dans la ville des papes où il rencontra un ancien ami, M. Brun, et à Aix-en-Provence, où il coucha. Nous prenons le récit à l'entrée dans Marseille.

LA TRAVERSÉE

Sur le midi, mon compagnon de voyage et moi, nous montâmes en chaise pour nous rendre à Marseille, où nous arrivâmes vers les trois heures. La mer, violemment agitée, me fit peur et balancer si je continuerais ma route. Néantmoins, je cherchais à me loger en attendant qu'elle se calmât. Je me présentais pour cela à un séminaire, où le supérieur ne se trouva pas, c'est ce qui me détermina à me présenter chez M^{rs} de St-Lazare, qui eurent la complaisance de m'accorder le couvert de la manière la plus obligeante. Le lendemain de mon arrivée à Marseille était un mercredi,

jour de promenade pour ces messieurs. Ils m'invitèrent
à aller à la campagne avec eux. J'y acquiesçai d'autant
plus volontiers que sur le chemin se trouvait la chartreuse, dont il ne manque à l'église que d'être un peu
plus ornée pour égaler et même surpasser celle des
Chartreux de Lyon. Après avoir dîné et causé avec
M^{rs} les missionnaires, je revins à Marseille pour chercher un bâtiment qui put me transporter à Gênes. Le
capitaine d'une felouque gênoise me prévint et m'é-
pargna la peine de chercher longtemps. On m'avoit
recommandé de ne pas me fier aux gênois, mais
comme la felouque devait partir le même jour après
souper, je passai par-dessus l'avis qu'on m'avait donné.
Il faut se donner de garde de prendre ces patrons au
mot, pour le prix qu'ils demandent. Le mien n'eut
pas honte de me demander deux louis d'or de vingt-
quatre francs. Sans trop sçavoir ce que coûtoit le
transport, je tournai le dos sans rien répondre et mon
patron se contenta du quart de ce qu'il m'avoit demandé. Dès que l'accord fut fait, il me donna un de
ses matelots pour me conduire au bureau des classes
pour donner mon nom et mon surnom, avec l'endroit
pour lequel je m'embarquois, après cela je ne pensois
plus qu'à m'embarquer après souper, selon que j'en
étois convenu avec le pilote. Il m'envoya sur les sept
heures un de ses mousses prendre ma valise, mais
quand je fus arrivé à la felouque, dans l'espérance de
trouver encore quelques passagers, le capitaine avoit
différé son départ au lendemain, ce fut alors que je me
sentis rebuté. Je revins à la mission, incertain de ce
que je ferais. Le lendemain, après la messe, je me mis
à écrire quelques lettres et comme je finissois, le même

mousse qui était venu la veille vint m'avertir que la felouque allait lever l'ancre. Dans le moment mon incertitude se dissipa. Je dînai, fit quelques provisions qui consistoient en saucissons, pains, etc., et je suivis mon mousse jusqu'au port.

Dès la veille j'avais changé quelques louis d'or contre une vingtaine de sequins, qu'on me fit paier sur le pied de onze livres cinq sols, c'est-à-dire vingt sols de plus qu'ils ne valent en Italie, et pour n'avoir pas pris la précaution de les faire peser, ils se trouvèrent trop foibles, quelques-uns de trois à quatre grains, ce qui m'occasionna sur chaque sequin une perte de plus de trente-cinq sols.

Muni de provisions et d'argent suffisamment pour me rendre à Rome, j'entrai dans la felouque qui devait me porter à Gênes. Elle avoit d'équipage 14 matelots, y compris le capitaine, et le nombre des passagers était de 16 ou 18, parmi lesquels il y avait un recolet espagnol et un soit disant hermite qui avait tout l'air d'un aventurier. Le reste étoit des matelots de l'île de Martigues et de jeunes gens ouvriers ou petits marchands, dont un seul devait faire le voyage de Rome. Le bâtiment était grand pour une felouque, monté de quatre petits canons.

Ce fut pour moi une surprise et un sujet d'inquiétude, lorsque je vis le capitaine et les matelots, quelques tems après l'embarquement, charger quelques petits canons qui étaient à la proue et environ 30 mousquets. J'en demandais la raison et on me répondit que c'était pour se défendre en cas d'attaque de la part des corsaires turcs. Je regrettai alors, mais trop tard, de m'être embarqué. Mon inquiétude augmenta lorsque quelques temps après, le capitaine ayant demandé à l'équipage d'un bâtiment qui allait à Marseille, s'il y avait quelque vaisseau algérien le long des côtes, il en reçut pour réponse qu'un corsaire algérien croisait dans les îles d'Hières. Comme mon intention n'étoit pas de faire un pélerinage à Alger, une pareille nouvelle ne contribua pas à me rassurer. La résolution fut prise de passer la nuit à terre, mais la nuit étant belle et le vent bon, on ne l'exécuta pas. L'inquiétude jointe à l'incommodité des grenadiers qui fourmillaient dans la couverture et les mauvais matelas, sur laquelle il fallut passer la nuit, m'empêcha de fermer l'œil. Nous en fûmes quittes pour la peur. Nous vogâmes le lendemain et toutte la nuit suivante avec un bon vent, de sorte que nous nous trouvâmes au port de Nice vers les quatre heures du matin.

Il fallut y débarquer et porter la feuille des passagers. Je profitais du temps pour dire la messe et voir cette capitale du comté de ce nom. Elle n'a rien de bien beau. Il y a pourtant quelques rues qui sont assez bien percées, et pour y faire quelques provisions en maigre. Le ton frais n'y coûte que 8 ou 10 sols la livre. Environ deux heures après avoir débarqué, le capitaine remit à la voile et nous continuâmes notre route le long des côtes, qui deviennent toujours plus belles à mesure qu'on s'éloigne de Nice. Il ne fut plus question de corsaires. Les patrons et matelots étaient gais et joyeux, chantoient en leur jargon des airs très réjouissants, malgré leur travail continuel pendant la nuit du samedi au dimanche, durant laquelle ils ne discontinuèrent pas de ramer, parce qu'ils vouloient arriver à Savone pour y entendre la messe. On y arriva en effet sur les sept heures du matin. Mon premier soin fut de me rendre à l'église pour dire la messe. Je la dis chez les RR. PP. Jésuites. Après l'avoir dit, en attendant qu'on préparât un déjeuné dinatoire, je parcourus la ville qui est située sur le penchant d'une colline assez bien bâtie et qui me parut très peu peuplée. Le capitaine parut, après déjeuné, indécis s'il y passerait le reste du jour. Cette incertitude ne s'accordait pas avec l'envie que j'avois d'arriver au plutôt à Gênes. Par bonheur cette incertitude ne dura pas long tems, à peine avois-je paié mon écho, qu'il me fit dire, aussi bien qu'aux autres passagers qu'il alloit partir et que sur le soir il arriveroit à Gênes. Je ne fus pas des derniers à me rendre à la felouque et, dès que tout fut embarqué, on partit avec très peu de vent. Les bras des matelots y suppléaient, mais malgré tous leurs efforts, nous arrivâmes bien à Gênes, mais trop tard pour pouvoir coucher dans la ville. Il fallut donc encore passer cette nuit comme les précédentes sur le tillac. L'entrée dans le port ne se fit pas sans fraieur. Il soufflait un vent de terre assez impétueux qui, joint à un courant, découvrait tout un flanc de notre bâtiment, pendant que l'autre était plongé dans la mer à demi pied de bord près.

Le lendemain, sur les cinq heures du matin, en débarquant, nous ne manquâmes pas de gens officieux qui nous offroient le couvert. Je choisis l'hôte de la *Croix de Malthe*, qui m'aurait sans doute réduit à la nécessité d'enfer, si j'avais fait chez lui un long séjour, tant il était cher, car par repas il en coûtait 40 sols de France et 12 pour le lit, mais aussi nos écus de 6 francs valaient à Gênes 7 l. 4 s.

Dès que je me fus logé et un peu accommodé, j'allais chez MM^{rs} de la Mission pour dire la messe, mais faute de *celebret*, il me fallut contenter de l'entendre. Le chemin, depuis le port jusques chez ces messieurs, est long, mais il ne dure pas, à cause du grand nombre de belles églises et de magnifiques palais qu'on rencontre surtout celui du prince Doria, qui est hors de la ville, sur le bord de la mer. M^{rs} de St-Lazare sont bien bâtis; ils ont surtout une église qui passe pour une des plus belles de Gênes, où sûrement il y en a qui méritent la curiosité des étrangers, particulièrement l'Annonciade, église des récollets, St-Laurent, cathédrale, St-Cyr toutte de marbre, St-Ambroise, etc.

Après avoir entendu la messe, je me rendis au palais archiépiscopal pour avoir un *celebret*. Le vicaire général me demanda si je connoissois quelqu'un au pays: sur ma réponse négative, il balança s'il me permettrait de dire la messe. Cependant, à la fin, il me l'accorda pour quinze jours seulement, à l'exclusion des monastères de religieuses.

Mon intention n'était pas de m'en servir pendant si long tems, mais bien dès que j'aurais vu la ville d'en partir (1).

En deux jours nous ne fîmes que quatorze lieues pour arriver à Sienne, autre belle et grande ville de la Toscane. Comme j'y arrivai un samedi au soir de bonne heure, j'eus le tems de voir la cathédrale, dont le pavé est un ouvrage à la mosaïque en marbre de diverses couleurs magnifiques, d'honorer sainte Catherine de

---

(1) Ici, nouvelle lacune de deux pages, elles devaient contenir la description de Pise et de Florence.

Sienne, de voir l'hôpital des Pélerins qui est fort beau, et d'obtenir mon *celebret* qui me fut donné comme à Gênes, exceptés *monialium ecclesiis*.

A mon retour de la ville, nouveau sujet d'inquiétude, mon voiturin avait trouvé voiture pour retourner à Pise, il me broquenta donc avec un autre pour me conduire jusqu'à Rome. Je ne perdis pas au change, il n'étoit pas plus diligent, mais du moins il étoit moins revêche. Je fis un second marché avec lui pour me nourir et je m'en trouvai bien : à cinq pistoles par jour, c'est-à-dire cinquante sols de notre monnoye, j'étois passablement bien, du moins autant qu'un François peut bien être en Italie pour ce prix, où les gites sont mauvais, le logement pauvre, la route fort déserte, le chemin mauvais, et dans les auberges le linge très malpropre. Les serviettes si petites qu'elles ressemblent aux bavettes des enfants. On ne trouve sur le chemin de Sienne à Roussillon (1) aucun endroit remarquable que Viterbe, ville épiscopale assez jolie où se conserve, dans un monastère de religieuses, le corps de sainte Rose tout entier. On le fait voir aux pélerins le visage découvert à travers une grille. On leur donne même de petits cordons de cette sainte, ils sont de fil de coton blanc. Entre Viterbe et Monte-Falcone, autre ville épiscopale de l'état ecclésiastique, on trouve assez près du grand chemin une forteresse qui sépare la Toscane des Etats du Pape. Comme le voiturin vouloit arriver le lendemain à Rome, il refusa absolument de s'arrêter à Monte-Falcone qui d'ailleurs n'est pas tout à fait sur le grand chemin. A quelques

____

(1) Ronciglione.

milles de là, on trouve une mauvaise auberge. Ce fut là le lieu de la dinée. Le soir, je couchai à Roussillon, petite ville bâtie, moitié sur le coteau, moitié dans la plaine. Ce fut là qu'un hermitte français, établi dans le pays, m'ayant reconnu à mon langage pour être aussi françois, s'offrit à souper avec moi, sans être invité. Après le soupé, comme l'hôtesse lui demandoit son écho, il me la renvoya, je m'en tirai en répondant que puisqu'il s'étoit invité lui-même, c'étoit à lui à paier.

Depuis Roussillon jusqu'à Rome, tous les milles étaient marqués sur de grosses pierres de taille, placées le long des grands chemins, il est aisé de mesurer le chemin, montre en main, la voiture faisoit un mille entre 15 et 16 minutes. En France, l'approche des grandes villes s'annonce par de grands bourgs, de beaux villages, belles maisons de campagne. Rien de tout cela en arrivant à Rome. Il fallut dîner dans une auberge de campagne isolée et déserte. Seulement, à deux milles environ, on trouve sur le grand chemin une espèce de Mauzolé de pierre noire, qu'on dit être le tombeau de l'empereur Néron. C'est l'unique chose digne de remarque qui se voie depuis Roussillon à Rome.

ARRIVÉE

Enfin, vingt jours après ma sortie de Lyon, j'arrivai dans cette capitale du monde chrétien, le 10 de septembre après midi sur les trois heures.

Mon premier soin, après avoir mis pied à terre à l'auberge, fut de me procurer un gîte pour le temps que je passerais à Rome. Comme mon dessein

était d'entrer à Monte-Citorio chez Messieurs de la
Mission, je m'y rendis. M^r le Procureur Général, sur lequel le procureur de la Mission de Lyon
avoit tiré une lettre de change de cent écus que je lui
avais compté avant de partir, me promit obligeamment d'appuyer ma requête auprès de M^r le
Supérieur de la maison, pour lors absent, sans me
donner aucune assurance. L'incertitude où il me laissa
me causa quelqu'inquiétude et me fit prendre le parti
d'aller trouver M. de Verthamon, procureur général
des Missions étrangères, à qui M. de Voyon, son compatriote et mon confrère, avoit écrit en ma faveur, il
ne se trouva pas chez lui (1). M. Brun, grand vicaire et
official d'Avignon (2), m'avait donné en y passant une

---

(1) Jean-Hyacinthe Chateaudeau de Verthamon, originaire du
diocèse de Limoges, partit pour les missions du Su-Tchuen
en 1742 ; procureur de sa Société, à Rome, en 1749, il la quitta
dès 1751.
Note communiquée par M. A. Launay, auteur de l'*Histoire
générale de la Société des Missions étrangères*.
Mr Joseph Devoyon était né à Limoges, le 6 novembre 1709 ;
après avoir enseigné à Orléans, il fut envoyé à Lyon en 1744.
L'année même du voyage de Mr Visse, il quitta notre ville et la
Compagnie de St-Sulpice, à cause de sa santé, et rentra chez lui.
Il devint supérieur des missionnaires de son diocèse d'origine
et vicaire général, sous Mgr d'Argentré. Le 13 avril 1790, il
mourait subitement. (*Notes ms. de Mr Gamon*). Cf. *La Bibliothèque sulpicienne*, par Mr Bertrand : t. I, p. 436-442 et t. II,
p. 188, où est complétée la nombreuse liste des ouvrages publiés
par Mr Devoyon.

(2) Mr Brun, doyen de Saint-Agricol d'Avignon, depuis 1718,
vice-gérant en 1764, vicaire général et official, mort âgé de
72 ans, le 31 juillet 1767. Ce savant ecclésiastique avait séjourné
au moins deux ans à Lyon ; lié par une ancienne amitié à M^r Le
Clerc, professeur de St-Irénée, il l'eut pour collaborateur d'un

lettre pour le Père Cherubin de Nove, capucin, avec le mandement de M. de Tours pour le lui porter, je pris le parti de l'aller trouver. Il y avait loin de la demeure de M. de Verthamon au grand couvent, et plus loin encore du couvent à mon auberge ; mais je comptais pour rien mes pas, dans l'espérance que ce R. P., à la recommandation de son bon et ancien ami, serait ma ressource pour me trouver un logement en cas que celui de Monte-Citorio me manquât. Le Père, tout cordon bleu de l'Ordre qu'il est, se trouve logé à un quatrième étage, fort à l'étroit ; un moment après que j'y fus monté, il revint m'y-joindre du réfectoire où il était à souper quand je le demandai.

La lettre que je lui présentai me fit connaître sans que j'eusse besoin de décliner mon nom. Ce fut de la part du Père grande démonstration d'amitié, offres de service, sincères en apparence, mais qui ne furent suivies d'aucun effet. Je n'oublierai jamais qu'au sujet du mandement de M. l'archevêque de Tours, il commença par me prévenir qu'on en pensoit à Rome bien différemment de ce qu'on en pensoit en France (1) ; il ajouta

---

ouvrage resté manuscrit : *Mémoires pour servir à l'histoire des poètes français.* Cf. Barjavel : *Dictionnaire historique, biographique et bibliographique du département de Vaucluse* (1841 — Carpentras). L. Bertrand, prêtre de St-Sulpice : *Vie, écrits et correspondance littéraire de Laurent Josse Le Clerc* (Paris, 1878), chap. XXII.

(1) L'archevêque de Tours, Louis-Jacques Chapt de Rastignac (1685-1750) occupait son siège depuis 1724. Son instruction pastorale avait pour objet *la Justice chrétienne* par rapport aux sacrements de Pénitence et d'Eucharistie. Œuvre d'un prélat connu pour ses opinions et ses mesures anti-jansénistes, elle parut réfléter la pure doctrine des *Réflexions morales* de Quesnel.

que dans la visite que je ferois aux Jésuites, je devois être d'une grande réserve sur cet article. Le R. P. avait connu à mon air que j'avais besoin d'un mentor. Je lui serai obligé des avis qu'il me donna à pure perte néanmoins, car je ne crus pas devoir y déférer en tout. La prévention qu'il laissa entrevoir contre les Jésuites et la manière dont il s'expliqua à l'occasion de la nouvelle abbaye de M. de Cydon, me fit beaucoup rabbatre de l'espérance que j'avais conçue de trouver en lui dans le besoin quelque ressource (1). Il

---

Elle fut dénoncée au roi et sous la présidence du cardinal de Rohan, quatre évêques et un directeur de Saint-Sulpice, Mr de Montaigne, furent chargés de l'examiner. A Rome, le pape la soumit à une commission de deux cardinaux et de trois théologiens. Deux écrivains anonymes l'attaquèrent avec une certaine violence ; l'archevêque répondit sans ménagement, tout en protestant de sa soumission absolue à la bulle *Unigenitus.* Le débat durait encore, quand la mort du prélat vint y mettre un terme inattendu.

(1) L'évêque de Cydon *in part. infid.* se nommait Nicolas Navarre, chanoine de St-Nizier, évêque suffragant ou auxiliaire de Mgr de Rochebonne et de Mgr de Tencin. Il était lyonnais de naissance, fils d'un maître fourbisseur, et avait étudié au séminaire St-Sulpice. L'abbaye, que le roi venait de lui octroyer, était l'abbaye cistercienne de la Clarté-Dieu, dans le diocèse de Tours aujourd'hui commune Saint-Paterne, Indre-et-Loire), d'un revenu de 4.000 francs environ. Mgr de Navarre, né le 27 novembre 1683, mourut le 25 septembre 1753, « personnage remarquable, dit le sous-maître Pailleu, dans ses notes manuscrites, par sa science, par sa piété et par son affabilité envers tous ceux qui avaient besoin de son ministère ».

La bibliothèque de Lyon possède son diplôme de bachelier en Sorbonne (1er mars 1709), son brevet de nomination épiscopale signé à Versailles (6 décembre 1733) et le bref de préconisation de Clément XII (25 mai 1735).

M^r l'abbé Martin, dans le *Bulletin historique du diocèse de Lyon* (1re année, p. 122) a publié son épitaphe ; son tombeau fut

se faisoit tard, je le quittai et ne le revit plus que pour lui remettre le mandement dont j'ai parlé. Sa Révérence n'aiant pas jugé à propos de m'honorer d'une de ses visites (1).

Le lendemain, après un sommeil interrompu par l'inquiétude où je fus jusqu'à ce que je fusse assuré

---

ouvert en 1883; le corps était encore revêtu de ses habits pontificaux. Son portrait est à la sacristie de St-Nizier.

Il avait pour armoiries : d'or à l'ancre de gueules.

(1) Le Père Chérubin portait avant sa profession le nom de Charles Ricard ; né en 1688 à Noves, entré fort jeune chez les Capucins, il fut attaché au couvent de Tarascon et prêcha, dès 1714, sa première mission à Saint-Chamas. Il fit à Rome deux longs séjours ; l'un de 1723 à 1741 comme assistant et procureur des missions de son ordre ; l'autre, après sa nomination de définiteur général par Benoît XIV, de 1744 à 1754.

Ses relations étaient fort étendues et son influence paraît avoir été considérable. Benoît XIII le créa consulteur de l'*Index,* des *Indulgences et des Rites* ; Clément XII qualificateur du Saint-Office. Il fut le théologien du cardinal de Polignac, notre ambassadeur, et celui de Stanislas, roi de Pologne. Clémentine Sobieski, femme de Jacques III, prétendant d'Angleterre, le duc d'Orléans, le duc de Noailles, gouverneur de Versailles, plusieurs prélats et cardinaux de marque lui accordèrent leur confiance.

Il voulut prendre sa retraite dans son premier couvent et rentra à Tarascon le 19 juillet 1754. Sa présence valut à la communauté les plus insignes bienfaits. Il l'enrichit d'innombrables reliques, transforma la bibliothèque et y dépensa plus de 40.000 francs en achat de volumes ; il orna l'église, y bâtit une chapelle et une *scala sancta ;* commanda à Carles Vanloo et à Joseph Vien des tableaux représentant la vie et l'apostalat de sainte Marthe, patronne du monastère et de la ville.

Sa mort arriva trop tôt, le 21 mai 1767. On conserve son épitaphe, sur une table de marbre, dans une des chapelles de l'église paroissiale Sainte-Marthe de Tarascon.

V. *Archives capucines recueillies et annotées par le R. P. Henri de Grèzes : Le couvent de Tarascon.* — Imprimerie de Lérins, 1891.

d'un gîte, je me rendis à Monte-Citorio, M. le Procureur que je rencontrai à la porte, me dit que le Supérieur m'accordoit volontiers une chambre ; il me présenta lui-même à ce respectable supérieur et me conduisit à la chambre, après quoi j'entendis la messe, ne pouvant la dire faute de *celebret*. Je déjeunai avec mon mentor qui m'accompagna ensuite chez le vice-gérant pour avoir permission de dire la messe. Sur mon exeat et les permissions que j'avais eu en route, on ne fit aucune difficulté. De là, je me transportai, accompagné toujours de Monsieur le Procureur Général, à mon auberge où, après avoir paié fort chèrement un mauvais souper, je fis transporter mes hardes à St-Lazare (1). Mon *celebret* portait qu'avant de m'en servir je me ferois examiner par M. le maistre des cérémonies de Monte-Citorio. Sachant que j'étois prêtre de

---

(1) Ce procureur des Lazaristes, dont la politesse fut si utile à notre pélerin lyonnais, se nommait M. Honoré Nicolas Brocquevieille ou Broquevielle ; né le 1er août 1719 à Notre-Dame de Montreuil-sur-Mer, diocèse d'Amiens, reçu le 24 avril 1735, il eut une carrière bien remplie. Après son séjour à Rome, il fut successivement supérieur du séminaire d'Auxerre (1754), du séminaire des Bons-Enfants ou de Saint-Firmin à Paris (1756), du séminaire de Toul (1764), curé de Notre-Dame de Versailles (1775), qu'il dirigea jusqu'à sa mort, survenue le 31 mai 1785. Deux fois il avait été nommé visiteur de sa congrégation, en 1764 et 1778.

Barbier (*Dictionnaire des Anonymes, n° 10719*) affirme que M. Broquevielle est l'auteur du *Mandement de Mgr l'Archevêque de Paris portant condamnation d'un livre qui a pour titre: Emile ou de l'Education par J.-J. Rousseau... etc.* Paris, Simon, 1762, in-4.

Les Lazaristes n'ont pas cessé d'occuper à Rome la maison où logea M. Visse (*Archives de la Congrégation de la Mission.*) Communiqué gracieusement par M. A. Milon, secrétaire général.

Sᵗ-Sulpice, il voulut bien me faire grâce de la condi-
tion.

Me voilà enfin logé au chœur de la ville, dans un
beau séminaire, chez des Messieurs aussi polis et aussi
gratieux qu'ils sont vertueux et édifians, avec des convicteurs de différents pays très aimables et très exacts
à tous leurs devoirs. L'usage, dans cette maison, est
de n'y porter que des bonnets carrés à trois cornes et
sans houppe, il fallut m'y conformer ; mais je ne pus
m'empêcher de rire la première fois que je le mis sur
la tête, et je riois en moi-même touttes les fois que je
pensois à nos jeunes Messieurs de Lyon qui me voyant
ainsi couvert n'auraient pas manqué d'éclatter. C'est
avec ce bonnet que je parus à table. La manière dont
se fait le service est un peu différente de celle de nos
séminaires. Chacun trouve dans sa place le dessert,
qui est toujours très copieux. Après le *Benedicite* du
Bréviaire, on sert la soupe ou la menestre ; c'est-à-dire
du vermicelli sur lequel on a répandu du fromage
rappé ; c'est à quoi je n'ai jamais pu m'accoutumer.
Sous la serviette, chacun trouve une pagniotte, je veux
dire un petit pain fort propre et bien conditionné pour
le dehors, mais peu levé et très pesant. La portion
consiste dans un morceau de bœuf avec une entrée
trois fois la semaine dans le même plat. Le vin est
blanc, un peu doux et dans une bouteille de faïance
bien bouchée. La mesure approche d'assez près de la
pinte de Paris, mais on se sert pour boire de gobe-
lets de verre. Ce sont les frères avec les séminaristes
pensionnaires ou ordinans qui servent à table avec une
propreté et une charité admirable. Le silence règne

pendant le service, de façon qu'on ne perd rien de la lecture quand on veut écouter.

Après dînée et grâces, on va dans une chapelle dire l'*Angelus*, celle des directeurs avec les convicteurs est différente de celle des ordinans. Ensuite de l'*Angelus*, on fait trois bandes pour la récréation. Celle de Messieurs les Lazaristes ; la deuxième des convicteurs avec leur préfet, la troisième des ordinans dans la compagnie de leur préfet, ou plutòt ceux-ci, pendant les dix jours de retraitte qui précèdent leur ordination, n'ont d'autres récréations que des exercices qu'on leur fait sur les rubriques, sur les cérémonies, etc. La récréation dure une heure ou environ, après laquelle chacun se retire en sa chambre pour dormir autant de temps. C'est l'usage de toutes les communautés d'Italie. Les portes sont alors fermées comme pendant la nuit et, à la fin de la méridienne, l'excitateur va comme le matin éveiller dans les chambres.

. J'avais moins envie de dormir que de courir à Saint-Pierre que je n'avois pas encore vue ; aussi, dès qu'il y eut liberté de sortir, je courus pour me satisfaire. Quelle fut ma surprise lorsque je vis la belle place qui est devant cette magnifique basilique, une des merveilles du monde. Cette place est environnée de colonnades ; au milieu est la fameuse Pyramide que Sixte V fit dresser ; aux deux côtés deux jets d'eau qui jettent en l'air deux gerbes d'eau. Mon admiration augmenta lorsque de la place j'entrai dans le vestibule et du vestibule dans l'église. Tout y est si ravissant qu'on pense bien plus à admirer qu'à prier ; et en admirant, on ne sçait à quoi s'attacher, les objets étant tous plus beaux les uns que les autres. L'église est à trois nefs, longue de 280 de mes grands pas et dans sa plus grande largeur elle en a bien 240. Son grand dôme, sous lequel est la confession de saint Pierre s'élève jusqu'aux nues, il est accompagné de deux autres qui ne sont pas moins élevés que celui des Invalides. Touttes les chapelles ou autels, au nombre de plus de trente, ont au-dessus leur coupole ou petit dôme. Ce qu'il y a de plus exquis en sculpture, peinture, architecture, marbre, dorure se trouve dans ce fameux temple. Au-dessus du grand autel est un baldaquin posé sur quatre colonnes torses de bronze doré. Les tableaux ne sont pas sur la toile, mais ce sont des ouvrages à la mosaïque de différentes pièces de marbres jointes ensemble, qui font le même effet que les couleurs. Le baptistère, les mausolées, les autels, tout y est d'une ravissante beauté; autour de la Confession de St-Pierre règne une balustrade, elle est d'environ dix ou douze pieds plus basse que le reste du Pavé. On y descend par un escalier long d'environ vingt pieds, et une centaine de lampes d'argent les unes plus grandes, les autres plus petites, brûlent jour et nuit. A quelque heure du jour qu'on y aille on trouve toujours des gens en prière. J'y fis la mienne et me retirai dans le dessein de revenir au plutôt.

Le lendemain, je pensai à rendre mes devoirs à M. l'ambassadeur. Il falloit quelqu'un pour me présenter. M. l'abbé de Verthamon, procureur général des Missions étrangères à Rome, était bien avant dans les bonnes grâces de Son Excellence. M. de Voyon, son compatriote, lui avoit écrit sur mon voyage et l'avoit prié de me rendre service. Je m'adressai à lui et il me promit de me présenter, soit à M. l'ambassadeur, soit à M. le comte de Canillac auditeur de Rote pour la France.

M. l'ambassadeur était alors, comme il est encore, M. le duc de Nivernois, seigneur des plus spirituels et des plus gracieux, il me reçut avec beaucoup de bonté, et avant de me congédier, il m'invita pour le dimanche suivant à dîner avec M. le procureur des Missions (1). Je ne fus pas moins bien reçu de M. le comte de Canillac, qui ne le cède pas à M. l'ambassadeur en grâce et en politesse. Quoiqu'il ne m'invitât pas pour lors à manger, il le fit dans la suite et j'ai eu l'honneur de manger deux fois chez lui.

Dans l'intervalle du vendredi au dimanche, je m'occupai à faire quelque visite chez les Jésuites de la maison Professe, au Père Dubois assistant, au Père Flachat secrétaire, au père procureur général pour la France (2).

---

(1) Le duc de Nivernais (Louis-Jules) (1716-1798), occupait son poste depuis peu de temps. C'est, en effet, au cours de l'année 1748 qu'il avait pris la succession de M^r La Rochefoucauld, archevêque de Bourges, près du Souverain Pontife. Il géra l'ambassade jusqu'en octobre 1753 et, dans les instructions remises à son sucesseur, le comte de Choiseul-Stainville, on disait de lui qu'il avait donné, pendant son important ministère, « des preuves peu communes de zèle et de capacité ». Plus tard il entra de nouveau dans les ambassades et fut à Berlin et à Londres.

C'était un lettré, successeur de Massillon à l'Académie, auteur de Fables qui rappellent de trop loin celles de La Fontaine, traducteur d'auteurs anciens, ayant en tout laissé dix volumes d'œuvres qu'on ne lit guère.

(2) Le P. Charles Dubois, natif de Montpellier, né le 15 mars 1666, entré au noviciat le 16 septembre 1681, exerça la charge de provincial de Lyon, fut nommé assistant de France près du général, mort à Rome, le 30 juillet 1751. (*V. La Correspondance de M^r de St-Fond et du président Dugas*).

Le P. Jean Flachat, né à Lyon, le 5 juin 1694, novice le 7 septembre 1710, procureur de sa province à Rome, y mourut

Ces Révérends me firent l'accueil le plus gracieux, m'offrirent la première fois le chocolat et la seconde le café. Je dis samedi matin la messe dans la magnifique chapelle de Saint-Ignace, qui est une des plus riches pour ne pas dire la plus riche qu'il y ait dans Rome. Je ne souscrirai jamais à ceux qui taxent ces RR. PP. de fierté et donnent aux PP. Capucins l'humilité pour appanages. Les premiers, à la réserve du P. Dubois qui en était bien dispensé par son grand âge et ses infirmités, les deux autres me firent l'honneur de me rendre visite, mais le R. P. Chérubin de Nove ne daigna me donner le moindre signe de vie, quoique je lui eusse apporté une lettre de France avec le mandement de Mgr de Tours.

Les visites ne m'occupoient que la matinée et l'après-dînée je courois la ville, malgré la grande chaleur, tantôt seul, tantôt avec un compagnon qui s'offroit à Monte Citorio, pour m'apprendre un peu les rues, les places, les fontaines, les autres curiosités, mais surtout les églises. Malgré les beautés et les richesses que je remarquois dans St-Pierre que je visitois tous les jours, Ste-Marie Majeure, St-Jean de Latran, Ste-Croix en Jérusalem, St-André de l'Aval, St-Charles, l'église neuve des Oratoriens de Rome, de St-Ignace, du Jésus, du Noviciat des Jésuites, de Notre-Dame de la Victoire, des Carmes-déchaussés, etc., j'étois toujours occupé du désir de voir le Pape et de lui baiser les pieds.

Le P. Chérubin de Nove m'avoit conseillé de m'adresser, pour obtenir audience, à M. le comte de

en 1771; il était frère du prévôt des marchands, Jean-B^{te} Flachat, qui exerça cette charge de 1753 à 1764.

Canillac. Je pris la liberté de lui demander cette grâce, ce prélat me renvoya à M. l'ambassadeur. Dans la crainte d'être renvoyé une seconde fois, M. Broquevieïlle, à qui je fis part de mon inquiétude et mon empressement me promit de me procurer l'audience de Sa Sainteté par une voye plus courte. Sur sa parole, je me tins tranquille.

Le jour fixé pour aller dîner chez M. l'ambassadeur étant venu, M. de Verthamon vint me prendre sur le midi et nous nous rendîmes ensemble au Palais de M. l'ambassadeur. Il ne se trouva à table que Son Excellence Madame la duchesse, Madame la comtesse de Valteline, sœur de M. le duc, Mademoiselle de Nivernois, M^r le marquis de N., italien, grand maître de la maison, M. le secrétaire de l'ambassade, un autre officier ; tous de la famille de l'ambassadeur, M. l'abbé Nollet, un autre abbé, M. de Verthamon et moi. La table fut servie à la françoise et avec autant de propreté que de goût. M. l'abbé Nollet (1) parla beaucoup de phisique, de son voyage de Naples. M. de Verthamon, qui a beaucoup d'esprit, ne fournit pas mal aux frais de la conversation. Pour moi, je ne parlois que rarement et de choses fort triviales. Après dîné pendant qu'on jouoit d'un côté, M. le duc, assis sur un sopha, badina avec beaucoup d'esprit ledit sieur abbé Nollet sur ce qu'il avoit avancé que les grands seigneurs, dans la crainte d'être empoi-

---

(1) L'abbé Jean-Antoine Nollet (1700-1779), physicien distingué, disciple de Newton, était en Italie chargé d'une mission sur l'état des sciences naturelles ; à son retour on créa pour lui une chaire au collège de Navarre : il appartenait à l'Académie des sciences depuis 1739.

sonnés par des ragoûts faits dans des casseroles où, par négligence des domestiques, on auroit laissé amasser du vert de gris, devroient en avoir d'argent. Le philosophe, en se défendant mal, prêta beaucoup à rire à la compagnie, qui se sépara enfin avec touttes sortes de raison d'être contente du régal et des manières de M. l'ambassadeur. En prenant congé de Son Excellence, elle me fit l'honneur de m'inviter à venir de tems en tems au palais.

L'unique avantage que j'ai retiré de la connaissance du P. Chérubin de Nove, c'est d'avoir appris de Sa Révérence que M. l'abbé de Mongont disgracié s'étoit retiré à Rome où il avoit fixé son séjour. Au sortir de chez M. l'ambassadeur, je me rendis à la place d'Espagne, où il avait pris un appartement proche de la Trinité du Mont, couvent de Minimes françois. Je fus assez heureux pour le trouver seul, occupé à continuer ses mémoires. Comme il y avait vingt-neuf ans et plus que nous ne nous étions vus, il ne me reconnut pas, quoique à la première vue je le reconnusse d'abord. Il ne s'attendoit pas à me voir et il fut étrangement surpris. Il étoit à Issi, proche Paris, dans la maison du Noviciat de St-Sulpice, lorsque j'y faisois mon tems d'épreuves ; des raisons particulières m'avoient attaché à lui dans ce tems. Ainsi dès que j'eus décliné mon nom, ce fut une effusion de cœur, compliment, embrassade de sa part, que je crus ne devoir pas finir. Je passai avec lui le reste de la soirée et le tems ne dura pas un moment ; il me fit un récit abbrégé de ses avantures, du sujet de ses disgrâces, de la cause de sa sortie du Royaume, et tout cela de la manière la plus coulante et la plus agréable. Ce ne fut que protestation d'amitié de sa part, offre de service qui n'avoient de bornes que celles dont la modestie de son revenu le forçoit d'y mettre, il s'offrit à me venir prendre quelquefois en carosse pour me conduire où je voudrais dans la ville lorsqu'il sortiroit, ce qui arrive une fois ou deux la semaine pour faire sa cour au roy d'Angleterre, au cardinal duc d'Yorc, au cardinal Valenti de Gonzagua et quelques autres seigneurs de la plus haute distinction. Pour M. l'Ambassadeur de France, il ne le voit pas, non plus que M. le comte de Canillac, ni le consul de France. A son arrivée à Rome, notre aimable et gracieux abbé eut l'honneur d'écrire à Son Excellence, qui lui fit réponse qu'en son particulier elle l'estimoit et l'honoroit, mais que la place qu'il occupoit lui interdisoit toute relation avec lui, qu'au reste il ne l'inquiéteroit en aucune façon. C'est tout ce que souhaite cet abbé. Il ne voulut pas me laisser sortir de son appartement que je ne lui eus promis de venir manger la soupe le mardi suivant. Je me retiroi ensuitte bien plus content de lui qu'il n'avoit sujet de l'être de moi. Quoiqu'âgé de soixante ans environ, il a le port aussi majestueux, le tein aussi vermeil, l'abord aussi gracieux qu'il l'avoit à l'âge de trente ans. Tout le changement qui s'est fait en lui pour l'extérieur, c'est qu'il a un peu grossi et qu'il a perdu touttes ses dents ; toujours même piété, même religion, même attachement à l'Eglise ; je ne désirerois en lui qu'un peu moins de prévention contre M. le cardinal de Fleury (1).

---

(1) L'abbé Charles-Alexandre de Montgon (1690-1770), diplomate officieux, célèbre et malheureux, eût une carrière brisée dès ses commencements. Fils de Jean-François Cordebœuf de Beauvergier, comte de Montgon, lieutenant-général, et de Louise Sublet

AUDIENCE DE BENOIT XIV

Pendant que je renouvelois une ancienne connoissance, M. Broquevieille n'oublioit pas la parole qu'il m'avoit donnnée de me procurer une audience du

---

d'Heudicourt, dame de palais de la duchesse de Bourgogne, il choisit d'abord la carrière militaire et se décida peu après à prendre les ordres. D'après le registre des entrées du séminaire de Saint-Sulpice, il se présenta, encore laïc, le 1er mai 1718 ; il dut séjourner à la Solitude, puisque M. Visse l'y rencontra, mais sans intention d'être agrégé à la Compagnie ; aucun des catalogues ne porte son nom.

Tout à coup, appelé, dit-on, par le confesseur, il se rendit auprès de Philippe V, roi d'Espagne, qui avait renoncé à sa couronne ; l'abdication dura peu et, quand le prince remonta sur le trône, Montgon ne le quitta pas et tenta du personnage politique. Très lié avec le duc de Bourbon, il le réconcilia avec la cour de Madrid ; dans un voyage à Paris, en 1727, il travailla à faire déclarer nulles les renonciations de l'ancien duc d'Anjou à la couronne de France et le posa en prétendant légitime, en cas de mort de Louis XV sans postérité.

Ces intrigues et ces manèges déplurent souverainement à Fleury, qui exigea son départ et sa disgrâce. Dès qu'il fut arrivé, l'abbé de Montgon congédié eut huit jours pour quitter la cour et un mois pour disparaître d'Espagne ; il erra quelque temps en Portugal, passa en Flandre, se réfugia en Auvergne, où il mourait de faim et de rage, dit Saint-Simon. Ce ne fut même point encore, ajoute l'historien, le dernier tome du roman de sa vie ; nous le voyons séjourner à Rome, en 1740, et nous savons qu'il mourut, en 1770, dans les Pays-Bas.

Il a publié des *Mémoires de ses différentes négociations* (La Haye, 1742, 5 vol. in-12). Le président Hénault en écrivait ainsi au duc de Nivernais, le 22 octobre 1749 : « Je lis les Mémoires de l'abbé Montgon, ils m'amusent beaucoup. Le cardinal Fleury, quelque part qu'il soit, n'en serait pas content. Le style est diffus, mais il est peintre.

V. Saint-Simon, éd. de Mr de Boislisle, t. III, p. 120, 213, 222 ; t. XIV, p. 260 et 468.

La Bibliothèque nationale (*Pièces originales* no 2022) possède un Mémoire imprimé de 1732 pour Messire Jacques de Bernard

Pape. Il en parla à M. Bouget, qui a l'oreille du pape. C'est un François, Angevin d'origine, qui sortit de Saumur, sa patrie, pour aller à Rome, où il est depuis plus de quarante ans et où il a trouvé le secret de se faire environ quatorze mille livres de rente (1). Celui-ci en parla à M. de Malvaisi, prélat à Rochet et à Mantelet, parent du Pape et fort aimable, qui promit de me procurer le mardi suivant ce que je souhaittois, après en avoir parlé à Sa Sainteté (2).

Mlle de Champigny et dame Marie Claire Henriette de Montgon son épouse, contre Messire Gaspard de Montmorin et Dame Michelle de Montgon, son épouse, et contre Mre Charles-Alexandre de Montgon Beauvergier, prêtre. Il s'agit d'un litige d'héritage. L'abbé avait une seconde sœur : Henriette-Elisabeth, religieuse de l'ordre de Saint-Benoît, coadjutrice de l'abbaye d'Eschasés.

(1) Étienne Bouget (1692-1775), était français, fils d'un batelier de Saumur. Il commença ses études au collège de l'Oratoire de sa ville natale; mais vers quinze ans, il s'enfuit, vint à Tours, se fit agréer d'un grand seigneur italien qui l'emmena à Rome. Il entra chez les oratoriens de St-Philippe de Néri, professa les langues orientales à la Sapience, obtint de grosses prébendes et, avec le simple titre de camérier, fut le plus familier des confidents et amis du pape Benoît XIV, souvent son secrétaire intime, aussi je crois même, son collaborateur sous le pseudonyme d'Azevedo, pour l'édition de ses ouvrages de théologie. Fort connu et apprécié du cardinal de Tencin, il avait été son agent actif, sinon désintéressé, pour le chapeau et, dans la correspondance entre le pape et l'archevêque, il est souvent question du prieur, comme on le nommait. Les dernières lettres, en particulier celle du 27 novembre 1757, lui ont été dictées. Notre compatriote avait cependant un défaut, dont Benoît XIV plaisante volontiers; il aimait trop les vins de France et, sûr de les bien porter, il vidait les flacons sans assez de retenue.

(2) Vincent Malvezzy, maître de Chambre de Benoît XIV, sera promu fort jeune au cardinalat, en 1753; il devint, l'année suivante, archevêque de Bologne. Choiseul, dans son *Mémoire* à propos du Conclave de 1759, déclare qu'il ne contentait guère ses diocésains.

Le jour venu, je me rendis, accompagné de mon sage mentor, dans l'antichambre du prélat dont je viens de parler, et quand il sortit de son appartement ce fut environ sur les une heure selon le comput italien, à neuf heures de France, nous le suivîmes avec bien d'autres qui attendoient la même grâce.

En arrivant à la première salle, on ne trouve que la livrée ; dans la deuxième sont les chevaux-légers de la garde du Pape. Les deux qui sont les plus près de la porte ont, avec l'épée au côté, le pistolet sur le bras. C'est dans cette deuxième salle, qui n'est ornée que de grands tableaux, que s'arrêtent les étrangers qui demandent audience, pendant que le Maitre de Chambre pénètre plus avant.

Après avoir attendu quelque temps il vient un bus-solanti avec du papier, un écritoire et des plumes pour prendre les noms. Je donnai le mien en Italien, de cette façon : *Gio Visse il sdote francese*, et selon le rang qu'on est écrit ordinairement on est appellé. Cependant quoique je ne fus pas des premiers sur la liste de M. Malvaisi, par considération pour ceux qui m'avoient recommandé, je fus appellé des premiers.

Je ne me fis pas nommer deux fois, mais aussitôt que j'entendis mon nom j'entrai aussitôt dans une troisième sale où se tiennent les Bussolantis. Ce sont des espèces de portiers vêtus d'une soutane violette un peu courte avec une ceinture de soie par dessus de même couleur, avec un rabat. L'un d'eux me demanda mon chapeau et ma calotte que je leur remis aussitôt. Ensuite il fallut traverser quatre ou cinq salles, dans chacune desquelles il y avait des officiers de Sa Sainteté d'un grade plus élevé à misurs que les salles approchaient de plus près de l'appartement de Sa Sainteté. Enfin j'arrivai à une espèce de vestibule en forme de boyau où étaient les maîtres de Chambre et les gentils-hommes du Pape. J'eus ordre de m'y arrêter jusqu'à ce que celui qui me précédoit à l'audience se retirât.

Dès qu'il sortit, le maître de Chambre m'ordonna de le suivre et me prévint en même tems que, dès que j'apperceverois le Pape, il faudroit faire une première génuflexion, une seconde à la moitié de la distance environ de la porte au fauteuil du Pape et prostration lorsque je serois aux pieds de Sa Sainteté. Je ne manquai à aucun de ses avis. Le Pape me présenta le pied droit à baiser, et après l'avoir fait, j'eus l'effronterie de dire « *Beatissime Pater, ne gratia sit dimidiata, liceat et alterum osculari* ». Sa Sainteté se mit à rire et me tendit l'autre pied que je baisai.

Après cette cérémonie, le Pape me donna sa bénédiction et m'ordonna de me lever. Il étoit assis sur un fauteuil adossé contre la muraille d'un tremeau, dans une grande galerie ornée d'urnes de Porphyre. Son habillement étoit une soutane de damas blanc assez usée et fort gâté par devant, de tabac d'Espagne, dont il paraît que le Saint Père fait grand usage. Il avoit devant lui une table sur laquelle il y avoit un écritoire, quelque livre et papier. Son abord est gracieux, son teint assez vermeil et, pour l'âge qu'il a, son tempérament robuste (1).

____

(1) Le pape Benoît XIV, Prospero Lambertini, né à Bologne, le 13 mars 1675, secrétaire de la Congrégation du Concile en 1717, évêque d'Ancône en 1726, cardinal en 1728, archevêque de Bologne en 1731, Souverain-Pontife le 17 août 1740, mort le 4 mai 1758,

Lorsque je fus debout, le Pape me dit obligeamment: *Novi societatem tuam esse bonæ famæ.* J'aurais dù ajouter, *et doctrinæ* ; *gloriatur enim se esse Sanctitatis vestræ colendissimam et sedis apostolicæ decretis addictissimam — Venistine pro anno sancto ?* me dit ensuite le Pape. *Beatissime Pater, id unum mihi propositum fuit, romanam peregrinationem suscipiendo, ut inviserem Beatorum apostolorum limina et demirarer in Beatitudine vestra Salomonis Sapientiam, S. Leonis facundiam, Innocentis III juris canonici peritiam. Sanctissime Pater, gratia Jubilæi mihi magis ...... quam expetita.* Le Saint Père se mit à rire et me donna un petit soufflet.

Ubi habitas ?—In œdibus missionariorum prope Montem Citatorium. Tale diversorium magis decet sacerdotem quam quod libet aliud. — Bene dit le Pape. *Placet - ne tibi civitas nostra ?* autre question du Pape. Ma réponse fut que *perquam maxime placet. Placent ædificia, plateæ, fontes, antiquitates sacræ tum profanæ, sed pro cœteris omnibus placent Ecclesiæ. Miror undenam potuerit conquiri et congeri tantæ pecuniæ copia ad extruendas et ornandas tam magnifice ecclesias. — Prœdecessores nostri,* dit le Pape ; *maximé vero, de-*

---

un des plus savants et des plus illustres pontifes qui ont gouverné l'Eglise.

Nous avons eu occasion de publier plusieurs fragments de sa vaste correspondance avec l'archevêque de Lyon, Mᵍʳ de Tencin. Il faut lire le portrait tracé de lui par le président de Brosses (*Lettres familières écrites d'Italie*) ; ce qu'en disait Tencin au moment du conclave (Mʳ Boutry : *Intrigues et missions du cardinal de Tencin*) ; et *Fragmentum Vitæ Benedicti XIV*, inséré par F. X. Kraus dans la correspondance de ce pape avec le chanoine Pierre Peggi, bolonnais.

vois-je ajouter et j'aurois dit la vérité : *Sanctitas vestra.*
Car il a fait des dépenses immenses pour l'embellis-
sement et l'ornement des basiliques de St-Pierre et de
Ste-Marie Majeure. *Sanctitas vestra plurimum contu-
lerat ad decus, ornamentum et splendorem tum ædifi-
ciorum urbis tum Ecclesiarum.*

Ecclesiæ in Galliis, me dit le Pape à cette occasion,
suntne ornatæ ? — Sunt quædam, repris-je ; *sed orna-
tiores non ad elegantiam ecclesiarum Urbis.*

— *Episcopi gallicani suntne liberales erga pauperes ?*
me demanda encore le Pape. A quoi je répondis : *Novi
quosdam esse charitatis effusæ erga pauperes, qualis
est Eminentissimus cardinalis noster archiepiscopus
Lugdunensis, archiepiscopus Viennensis, Episcopus
Claudiopolitanus et alii bene multi quos recensere lon-
gum esset et Sanctitati Vestræ molestum. — Non sunt,*
m'interrompit le Pape, *tam liberales quam hispani. —
Fortassies minus liberales quia non tam divites.*

Ce qui donna à Sa Sainteté l'occasion de me faire
cette question, c'est que quelques années auparavant,
aïant fait publier une Bulle pour inviter tous les évêques de la Chrétienté à contribuer de leurs libéralités
au bâtiment de l'Eglise pour les catholiques à Berlin,
presque tous les évêques d'Espagne y contribuèrent,
et pas un de France ; ce qui mit le Pape de mauvaise
humeur, lorsque le trésorier qu'il avait établi pour
recevoir les aumônes lui rendit compte de sa commission, en lui présentant la liste des prélats qui avoient
fourni et des sommes qu'ils avoient fait remettre pour
cette bonne œuvre.

Après cette digression, je reviens à mon entretien
avec Sa Sainteté. Comme elle ne m'interrogeoit plus et

que je n'avois pas grand chose à lui dire, quoique je me fusse proposé de lui demander bien des grâces qui m'échapèrent alors, à l'exception d'une qui me fut accordée sur le champ ; c'était de demander à Sa Sainteté une indulgence plénière pour l'article de la mort. Comme, dis-je, il ne me venoit rien à l'esprit, je m'avisai de mettre les ouvrages du Saint Père sur le tapis, en disant : *Beatissime Pater maximo cum voluptatis sensu legi opera a Sanctitate vestra edïta, sed raptim et delibando duntaxat quia mea non erant.* Le Saint Père aussitôt eut la bonté de reprendre et de me dire obligeamment : *Dabo tibi opera mea antequam recedas ab urbe.* Parole qui me pénétra de la plus douce consolation. *Hæc opera maxime librum de Synodo Diæcesana elucubraveram quando eram Bononiensis archiepiscopus. Ex quo factus sum Summus Pontifex, succivis horis ei manum extremam apposui.* Quelques moments après, il me donna encore sa bénédiction et, en me congédiant, il me dit : *Videbo te iterum.* C'est bien ce que je me promettai de faire pour rappeller à Sa Sainteté le souvenir de la promesse qu'elle avoit eu la bonté de me faire.

Je me retirai bien satisfait de mon audience, et j'avois tout le sujet de l'être. Il n'en fut pas de même de Monsieur l'ambassadeur. Il sçut par je ne sçais quelle voie, que Sa Sainteté m'avoit admis à lui baiser les pieds et l'accueil gratieux qu'elle m'avoit faite, Son Excellence témoigna sa surprise de ce que je ne m'étois pas adressé à elle pour cela et parut mécontente. Mr Broquevieille, sur qui on en rejetta la faute, en fut averti, et nous allons quelques jours après, l'un et l'autre, à l'hôtel de M^r l'Ambassadeur, lui en faire nos excuses. Il ne parut pas les bien recevoir d'abord ; mais dans la suite il s'appaisa et ce défaut d'attention ne l'empêcha pas de me faire inviter par M^r le Comte de Canillac de l'aller voir à Frascati, où il était en villégiature dans le tems que je quittai Rome.

Satisfait dans sa piété filiale, M. Visse arpente la ville éternelle en tous sens ; il visite la plupart des églises ; aucune, à part peut-être Saint-Pierre et Saint-Paul hors les murs, ne l'émerveille plus que le Gesu ; il continue son journal, en énumérant les principaux palais qu'il a pu voir, cite les places les plus fameuses, donne la mesure des colonnes qui les ornent et la description des fontaines qui les rafraichissent. Il y a cinq lignes à peine pour les catacombes et il n'en consacre pas dix aux antiquités du Forum, au Colisée et à l'arc de Titus. Pour finir il transcrit la statistique suivante, qui indique son esprit de précision :

La ville est divisée en 14 quartiers et elle a 81 paroisses, 30699 maisons ou familles ; 49 évêques, 2747 prêtres, 3487 religieux, 1819 religieuses ; écoliers environ 1980, pauvres dans l'hôpital 1303, en tout 141793.

Du Consistoire

C'est l'assemblée des cardinaux aïant le Pape à leur tête. Celui où je me trouvai était composé de 34 cardinaux et avait été assemblé pour préconiser deux évêques de Pologne. J'appris le matin après avoir dit la messe, qu'il devoit se tenir. Ma curiosité me portât aussitôt à m'informer de l'endroit et du tems auquel il devoit se tenir. Dès que je le scus, je me rendis aussitôt à Monte-Cavallo, où les cardinaux s'assemblèrent. Chaque cardinal avoit trois carosses tant pour lui que pour ses officiers, à la réserve du cardinal Guadagny, carme deschaux (1), vicaire de Rome et le cardinal Bevossi (2), de l'ordre de Citeaux, grand pénitencier, qui n'en avaient que deux chacun ! Les cardinaux montaient à la salle du Consistoire à mesure qu'ils arrivoient suivis de leurs premiers officiers. La livrée restoit en bas et les cochers rangeoient les carosses de leurs maîtres sous les galeries qui règnent autour du palais Quirinal; en sorte que, malgré le grand nombre de carosses, la cour paroit vuide. Quand touttes les Eminences furent réunies et eurent pris leurs places sur des sièges de bois à dossier et marbre qui n'ont rien de bien remarquable, non plus que la salle qui est vaste, mais qui n'est pas bien meublée, on avertit le Pape qui ne tarda pas à se rendre. Quand Sa Sainteté parut, tous les cardinaux se levèrent et se tinrent debout jusqu'à ce que le Saint-Père fut assis sur son thrône; il était placé au fond de la salle sous un dais de velours cramoisy avec des crépines d'or, c'était un fauteuil posé sur une estrade élevée de deux degrés. Quand le Pape fut assis, quelques cardinaux se détachèrent pour parler à Sa Sainteté. En l'abordant, ils lui faisoient une profonde révérence, et en se retirant, après lui avoir dit quelques mots. Le Pape étoit en Rochet, en camail avec son étole. Les cardinaux en habit de cérémonies, c'est-à-dire en Rochet, en camail et avec leurs chapes de

---

(1) Guadagny, Jean-Antoine (1674-1759), florentin, évêque d'Ancône, créé cardinal en 1731 par son oncle, le pape Clément XII.

(2) Joachim Befozzi de Milan, grand pénitencier, abbé cistercien de Sainte-Croix de Jérusalem, promu en 1743 et mort en 1755.

chœur. Après la cérémonie dont je viens de parler, un officier, du haut de la salle et d'assez près du Souverain Pontife, cria à voix haute : *Extrà omnes*. A ces mots, tout ce qu'il y avait de curieux dans la salle se retira pour laisser les cardinaux seuls avec le Pape. Il fallut faire comme les autres. Le Consistoire dura plus d'une heure. J'en attendis avec bien d'autres la fin dans une salle voisine de celle où les cardinaux étoient assemblés, mais d'où néanmoins on ne pouvoit rien entendre de ce qu'ils disoient. Le Consistoire fini, chaque cardinal défila selon son rang. Je remarquai seulement que tous les autres descendant à pied le grand escalier, le cardinal Delci (1), au sortir de la salle du Consistoire, entra dans sa chaise à porteurs et se fit porter en descendant, c'est qu'il est fort cassé et fort infirme.

Régal des Convicteurs de Monte-Citorio

Je souhaitterais pouvoir égaler la matière et avoir la plume de Boileau pour décrire le régal qu'on fait tous les ans, au commencement d'octobre, à MM. les pensionnaires du séminaire Romain. Il seroit encore plus divertissant que celui qu'on ne peut lire dans ce poète sans rire. Comme j'étois du nombre des convicteurs, je fus invité et même pressé de m'y trouver. Le jour assigné pour cela, je comptois obtenir ma

---

(1) Delci Regnier, originaire de Florence, ancien nonce en France, cardinal de la promotion de 1737, doyen du Sacré-Collège, dévoué à notre nation : il avait eu 25 voix au conclave d'où sortit Benoît XIV ; il mourut en 1761.

seconde audience du Pape. C'étoit une excuse à mon avis suffisante pour en dispenser. Elle ne parut pas telle à M. Bary, notre directeur, homme d'un vrai mérite et d'une vigilance attentive à laquelle rien n'échappe. Soit qu'il crût me faire plaisir; soit qu'il fût bien aise que je me conformasse en cela à l'usage, il me fit promettre qu'au sortir de l'audience de Sa Sainteté, je viendrois me joindre. L'audience manqua pour les raisons que j'ai dit plus haut, parce que dès que midi sonne le Pape se met à table. Il fallut donc, au sortir du palais Quirinal par la fraîcheur de M. de Vendôme, me rendre à la maison de campagne où se faisoit ce fameux régale. Elle étoit éloignée du Monte-Cavallo d'une petite lieue ; je n'en sçavais pas le chemin, mais M. le Directeur y avait pourvu en me destinant comme au jeune Tobie, non un autre ange, mais un carabin de la maison qui m'attendoit de pied ferme pour m'y conduire plus, sans médisance, par envie de prendre part au régal que de me montrer le chemin. Je partis sous la conduite de ce nouveau mentor et, après avoir cheminé pendant près d'une heure, j'arrivai enfin à la porte de la maison en étant séparée par un grand enclos, je me vis obligé d'attendre au grand soleil pendant un bon demi quart d'heure qu'on vint l'ouvrir. C'étoit pour me rafraîchir.

En arrivant, je trouvai les conviés en bonne disposition et qui faisoient feu et flammes par les dents, mon arrivée supendit un moment l'activité de la mâchoire, chacun me faisant sa complainte dans son langage sur la grande chaleur que j'avois eu à essuier. Ils disoient vrai ! Les supérieurs m'offrirent de quoi changer ; les pensionnaires me pressoient de manger. Pour les accorder, je m'avisai d'un expédient, ce fut de commencer par prendre une chemise de capucin et de me mettre à table à la place qu'on m'avoit réservée à tout évènement.

Je me sçais mauvais gré de ne pouvoir *graphice* dépeindre ce festin de Pierre. Tout y étoit plaisant, la décoration de la scène, l'attitude des conviés, l'assaisonnement et la qualité des mets.

Figurez-vous d'abord une table de cabarets où vont boire les manants de la ville ou les païsans du village : des bancs régnoient tout autour pour s'asseoir. Cette table étoit couverte d'une nappe qui ne débordoit pas en long ni en large du travers d'un doigt. Apparemment la toile est chère à Rome et il la faut ménager. Les serviettes n'étoient guère plus grandes que les bavettes qu'on met aux enfants pour garantir leurs foureaux ; en récompense elles étoient enjolivées de franges tout autour, et la nappe étoit parsemée de sauge, romarin et autres herbes fortes plus propres à donner à la tête qu'à rafraîchir ou à satisfaire le goût.

C'étoit autour de cette table ainsi couverte, qu'étoient assis trois Messieurs de St-Lazare du Mont Citorien et environ une vingtaine de pensionnaires, dont plusieurs ne ressembloient pas mal à des arlequins par la manière dont ils étoient habillés, quoique quelques-uns fussent prêtres. Il est permis pour ce jour-là d'oublier la gravité sacerdotale ou plutôt ces messieurs ne sont pas libres de la faire observer, ce jour de réjouissance, qui est l'unique pendant toutte l'année dans cette maison, une des plus régulières de Rome. Ces messieurs vouloient exiger qu'on ne quittat

point la soutane, mais le cardinal vicaire, qui est plé-
nipotentiaire, ordonna de laisser aux jeunes gens toutte
liberté ce jour·là.

Ces messieurs en usent dans toutte son étendue.
D'abord tous y vont en habit court à cette maison ;
du moins sera-t-il noir et en forme de soutanelle ?
Point du tout ; quelque forme qu'il ait, de quelque
couleur qu'il soit, pourvu que les boutons en soient
noirs et les boutonnières, il est de mise. Vous vous
attendrez peut-être que du moins chacun gardera
l'habit avec lequel il étoit venu. Vous vous trompez.
On n'est pas plutôt arrivé que chacun met bas son
justau corps et jusqu'à sa veste, son colet, sa perruque
s'il en a, et pour prendre l'un un pête-en-l'air de cali-
nande de couleur, l'autre une veste de treillis, qui un
bonnet de nuit avec un mouchoir autour du col, sans
aucune marque de l'état. Ce n'est qu'une légère ébauche
de la décoration des acteurs dans cet accoutrement,
les coudes appuiés sur la table ils ne parlent pas, mais
ils crient à pleine tête sans en perdre néanmoins un
coup de dents.

La soupe étoit déjà mangée lorsque j'arrivoi ; il
s'en trouva encore plus que six personnes comme moi
auroient pu en loger. On en sert un plat sur table
devant moi, dont la capacité étoit monstrueuse, et le
contenu, autant par sa quantité que par sa qualité,
pouvoit dégoûter quiconque n'est pas italien. Dès que
le plat parut chacun me pria, à droite et à gauche, devant et derrière, « Signor Visse », « Signor, mangia
e buona minestra ». C'est-à-dire, « Monsieur Visse
mangez, la minestre est bonne ». Je veux croire qu'elle
étoit de leur goût, elle ne l'étoit certainement pas du

mien. C'étoit une espèce de mortier, où on avoit fait entrer du jus de viande, du vermicelle, du macaroni, des choux, des ravages auxquels pour donner du goût on avoit mêlé des saucisses coupées en tranches. Je fus bientôt rassasié de ce salmigondi quoique je fusse à jeun.

Voions un peu, dis-je en moi-même, après quelques cuillerées de soupe qui me répugnoient beaucoup et qui avoient peine à passer. On en avoit pourtant chargé mon assiette, et s'il avoit fallu la manger toute, je n'aurois pas encore fini. Voions, dis-je, si un ragoût qui étoit près de moi simpatisera davantage avec mon palais. Il avoit assez bonne façon, mais c'est ce qu'il avoit de mieux. Pour lui donner du goût, on y avoit fait entrer des oranges et des citrons confits avec leur jus. Ce mélange de confitures avec des foies de veau, car c'étoit le fonds du ragoût, m'accomodat encore moins que la minestre.

J'aime naturellement beaucoup le pâté, j'en apperçus un tout chaud. Bon, me dis-je à moi-même, voici de quoi me dédommager et me ragoûter. Mon erreur ne dura pas. On décalotte la tourte, je m'attendois à y voir quelques pigeonnaux, ou du moins un godiveau comme en France, mais j'étais à Rome, aussi n'y vis-je que des rubans, je veux dire des macaronis larges d'un travers de doigt en forme de rubans. Me voilà bien avancé, n'importe quoique j'eusse remercié le Napolitain qui m'en offroit, il ne laissa pas de m'en servir un lopin plus gros que notre prodigue flandrin n'en serviroit pour un plat de quatre. Je fis à cet énorme morceau d'aviacréas une légère circoncision pour manger un peu de croûte et je mis à côté mon assiette.

Le bouilli n'étoit pas loin, je m'y attachoi, quoiqu'il ne fut guère plus ragoûtant que le reste, il flottoit dans une écuelle environ de bouillon qui lui servoit de sauce, et qui, à force de le laver, lui avoit fait perdre tout son goût. Un peu de sel le rendoit mangeable et un voisin de table, françois comme moi et autrefois un des théologiens de Saint-Irénée, me divertissoit par ses réflexions badines qu'il faisoit sur tout l'appareil du repas ; nous riions tous les deux mais sous capes. Il n'auroit pas été décent d'éclatter quoiqu'il y eut assez de sujet de le faire en entendant nos gens vanter la bonne chère et se provoquer les uns les autres à manger. C'est ce qui me parroissait être de trop, car ces gaillards n'avoient pas besoin de moutarde pour leur donner appétit. L'unique chose où leur discrétion m'édifiat, fut dans l'usage du vin. Quoiqu'il ne fut pas mesuré et qu'il fit très grand chaud, personne n'en abusa. Le vin et le pain étoit, à mon avis, ce qu'il y avoit de meilleur dans ce repas.

Je n'en excepte pas le rôti, car après le premier service vint le rôti avec la salade. Quoiqu'il fut dans deux plats, ce n'étoit pourtant que la même espèce de volaille, c'est-à-dire des pigeons qui, n'étant pas dressés et étant un peu moins noirs que la cheminée, n'étoient pas fort appétissants. La salade étoit belle et bien choisie, mais l'huile sentoit à pleine bouche le cardeur. Voilà au juste ce qui composoit le second service. N'importe pour un Romain que l'huile soit puante ; il l'aime autant que les François aiment celle d'Aix, et la figure d'un poulet ou d'un pigeon rôti n'y fait rien, pourvu que le goût en soit bon. En général les pigeons d'Italie sont succulents, et ceux qu'on servit, la phisionomie mise à part, n'étoient pas mauvais, j'en mangeai un quartier, mais je me contentai d'une bouchée de salade à laquelle j'aurois voulu n'avoir pas touché.

Le dessert n'eut rien de particulier, ce fut des figues, des raisins, des poires, du fromage de Parmesan, etc. Dire maintenant quels furent les sujets de la conversation pendant tout le repas, c'est ce que je ne pourrois faire faute d'entendre tout leur baragouinage, comme l'assemblée étoit composée de Napolitains, d'Espagnols, de Portugais, d'Allemans, de Polonais, d'Italiens et que tous criaient à pleine tête. Le bruit m'incommodoit encore plus que la chaleur.

Le repas fut suivi de la récréation qui se passa à jouer, maîtres avec domestiques, aux quilles, aux boules. Pour moi, harassé par la fatigue qui avait précédé le dîner je me retirai sous un cabinet de verdure, où le voisinage d'un fumier remué depuis peu empestoit. On s'apperçut bien que je souffrois, on m'offrit de m'ouvrir une chambre pour aller reposer, ce que j'acceptai dans l'espérance de me délasser un peu, mais les puces ou les punaises ne purent me laisser en repos. Dégoûté d'un séjour où je ne pouvois ni veiller, ni dormir, je pris le parti de revenir à Rome sur les vingt-trois heures, c'est à-dire sur les cinq heures du soir, sans attendre la fin du régal qui devoit se terminer par un souper dans le goût du dîner du matin.

Le lendemain je pensai sérieusement à me procurer une seconde audience de Sa Sainteté. C'étoit la seule chose que j'attendois pour me déterminer à prendre la route de France. M. de Broquevieille, qui m'avoit procuré la première, n'étoit plus à Rome, il y avoit quelques jours qu'il étoit allé en villégiature à Tivoli. Comme il m'avoit fait faire connaissance avec M. l'abbé de Casly, un secrétaire des minutandes, je me donnai l'honneur de lui faire une visite. Cet abbé dès qu'il me vit commença par dire que M. le premier maître de chambre du Pape étoit un peu fâché contre moi, de ce qu'après avoir fait écrire mon nom avec ceux qui demandaient audience, je m'étois retiré sans attendre que mon rang fut venu, de sorte que quand on m'appela je fis défaut, ce qui avoit fait dire : Tête françoise !

La vérité est que quand j'attendois avec bien d'autres qu'on m'appelat, le cardinal-ministre Valenti de Gonzaga (1) vint demander audience au Souverain Pontife et comme on crut qu'il épuiserait tout le tems destiné pour les audiences par Sa Sainteté, un Boussolanti sortit d'une salle voisine de celle des gardes où sont les expectants, et s'écria à haute voix « *extra omnes* ». Tous ceux qui étoient présents prirent comme moi cet avis pour un ordre de se retirer et se retirèrent en effet.

Je racontai le fait à M. Casly de la manière dont je viens de le rapporter et il me promit de faire mon apologie auprès de M. le maître de chambre et de le prier, pour ne point ratter l'audience, de me faire appeller des premiers.

La chose arriva comme on l'avait souhaitté. Le lendemain je fus appellé des premiers, et après les génu-

---

(1) Secrétaire d'Etat Silvio Valenti Gonzaga (1ᵉʳ mars 1690 — 28 août 1756) cardinal en 1738, évêque de Sabine.

flexions et prostrations pour baiser les pieds de Sa Sainteté, elle me dit : *Jam te vidi.* — *Ita quidem*, je répondis, *Beatissime Pater, hoc me honore dignata est sua Sanctitas. Verum*, ajoutai-je, *quia necessitas me cogit patrios lares repetere, optavi et peroptavi, prius quam ab urbe recederem, iterum osculari pedes Sanctitatis vestræ et apostolicam ipsius recipere benedictionem — Bene*, reprit le Pape.

Je tenois entre les mains deux petits mémoires pour présenter à Sa Sainteté. Le Pape les ayant apperçus me demanda ce que c'étoit. *Beatissime Pater*, repris-je, *ut Sanctitas vestra sub oculos habeat omnesque ab ipsa obtinere inardesco gratias, liceat mihi eidem exhibere duo brevissima memorialia in quibus exprimuntur — Cedo*, dit le Pape, qui les prit entre ses mains et commença à lire celui qui me regardoit. Après cette lecture Sa Sainteté me dit obligeamment : *Mittam tibi ad œdes missionariorum ubi habitas opera mea et cæteras gratias spiritales quas requiris.*

Voici la teneur de ces deux mémoires. Le premier qui me regardoit étoit conçu dans les termes suivants :

Beatissime Pater. Devotissimus Sanctitatis vestræ filius, Joannes Visse, presbyter Societatis Sancti Sulpicii quo majoribus beneficiis a Sanctitate vestra cumulatur abscedat, et insigniora secum referat obsequiosi et memoris animi erga Beatitudinem vestram incitamenta humillime supplicat pro sequentibus gratiis.

1° Pro omnibus a Sanctitate vestra editis operibus luculentis quæ oratori pro summâ et immeritâ munificentia promittere dignita est, quæque ad perpetuam Benevolentiæ vestræ memoriam in summâ existimatione et veneratione se habiturum et ab aliis haberi curaturum ex animo spondet.

2° Pro altari privilegiato, duobus intra hebdomadam diebus.

3° Pro indulgentia in articulo mortis superiori Seminarii Lugdunensis nec non ejusdem fratri et omnibus ejusdem Seminarii directoribus, ac lectoribus, tam in Philosophia quam in Theologiâ actu existentibus, atque etiam pro octo parochis variarum diæceseon oratori apprime notis, obtinenda quam gratiam.

L'inscription en dehors étoit au haut de la demie feuille pliée en long.

Sanctissimo Domino Domino Benedicto Papæ XIV.

Et beaucoup plus bas : *pro Joanne Visse presbytero societatis Sancti Sulpitii.*

Le Pape, en accordant la grâce, fit écrire par le secrétaire des indulgences entre les deux inscriptions ce qui suit :

Ex aud⁴ SSmi die 3ª 8ᵇⁱˢ 1749 SSmus benigne annuit pro gratiâ altaris privilegiati personalis pro duabus vicibus in quâ libet hebdomadâ juxta petita, annuendo quoque pro indulgentiâ plenariâ in articulo mortis per intus annunciatas personas, in forma solita et consuetâ lucranda. Signatam Joseph Justiniani secretarius.

Le Pape tint parole et, le lendemain de l'audience qui fut courte, parce que le cardinal Riveria en fit demander une à Sa Sainteté pendant que j'avois l'honneur d'être avec elle, le lendemain, dis-je, de cette audience, il m'envoia par M. Bouget, un de ses favoris, les livres qu'il avoit eu la bonté de me promettre, et me fit dire par le même prélat qu'il y ajouteroit les cinq autres volumes, quand ils seroient imprimés. Je ne me trouvois pas à la maison lorsque ce prélat y vint, mais il laissa entre les mains du portier, et les livres qu'il avoit apportés et les deux requêtes expédiées. Je n'ai pas parlé de la seconde, elle contenait requête pour les indulgences en faveur des retraittes qui se font au séminaire, du sacerdoce, de la chapelle de Vassieux, pour le jour de saint Michel.

A mon retour à la maison je fus agréablement surpris de trouver le présent de Sa Sainteté. Je pensai aussitôt à m'acquitter de mon devoir en allant remercier M. l'abbé Bouget. Il reçut mon remerciment avec bonté et me répéta la parole que lui avoit donné Sa Sainteté de compléter le présent en y ajoutant le reste des volumes, quand ils seroient imprimés (1).

---

(1) Si légitimement satisfait que se montre M. Visse de ses deux audiences pontificales, en un temps où elles étaient moins communes qu'aujourd'hui, que n'eût-il pas dit à la lecture d'une lettre de Benoit XIV, adressée au cardinal de Tencin, deux ans après, commémorant le passage du théologien lyonnais et le cadeau qu'il avait emporté. Voici une partie de cette lettre datée de Rome, le 28 juillet 1751 :

« ..... Nous nous rappelons parfaitement le directeur de votre « séminaire, à qui nous donnâmes les volumes de nos ouvrages qui « étaient alors imprimés.

« Ils furent remis au prieur Bouget, au moyen d'un bon récé-« pissé de la part dudit prieur, attendu sa conduite passée. Car « nous savons qu'il s'est fait une bibliothèque assez honnête, « sans avoir acheté un livre et sans qu'on lui en ait fait présent, « mais en prenant de côté et d'autre ; de manière que se croyant « en danger de mort, il y a deux ans, il fit appeler ceux qu'il avait

Après cette visite, il ne me restoit qu'à prendre congé de M. le comte de Canillac, de M. l'abbé de Montgon, de M. de Vertamon, procureur général des Missions Etrangères et des R. R. P. P. Dubois, Flachat, Lavassa jésuites dont j'avois reçu toutes les politesses imaginables. En m'acquitant de ce devoir, je témoignai à M. le comte de Canillac que je quittois Rome avec un vrai regret de n'avoir pas vu la Bibliothèque Vaticane, que j'avois frappé à toutes les portes, sans avoir pu m'en faire ouvrir aucune. Ce gratieux prélat me dit obligeamment : Je ne veux pas que vous quittiez Rome, sans avoir satisfait une curiosité si louable. Je me charge moi-même de vous procurer cette satisfaction. Il tint parole, ayant pris jour et heure avec M. le sous-bibliothécaire, qui est prélat lui-même, il m'envoïa un carossin avec un de ses aumôniers pour m'y conduire. La bibliothèque fut ouverte, un jeune clerc me fit voir ce qu'il y avait de curieux en fait de manuscrits, de raretés, dont la description demanderoit un volume. Après avoir satisfait ma curiosité, le carosse qui m'attendoit me reconduisit à Monte-Citorio, où en mettant pied à terre, l'aumônier me dit que M. le comte m'attendoit à dîner. Je m'y rendis ; après le repas, ce très gracieux prélat m'entretint longtemps et avec beaucoup de bonté (1).

« volés. Il leur demanda pardon. Il les pria de lui faire grâce et
« ils lui abandonnèrent avec bonté, non seulement tout ce qu'il
« leur avait pris, mais encore ce qu'il prendrait à l'avenir, s'il
« venait en santé sans se corriger ».
(Archives du ministère des affaires étrangères : *Correspondance de Rome* — vol. 796).

(1) Le président de Brosses (*Lettres d'Italie*, t. III, p. 91), partage l'avis de M. Visse sur la politesse de l'auditeur et sur

LORETTE

Il ne me restoit plus qu'à me mettre en chemin, je partis donc le 11 octobre au matin, après avoir demeuré un mois entier à Rome, en prenant avec mon compagnon de voyage la routte de Lorette, par Castelnove, Civitanove ; ce fut la première couchée à trente et un mille de Rome ou dix bonnes lieues de France. Il ne se passa rien qui mérite d'être remarqué. Le pays répond aux gîtes qui sont assez mauvais, du moins très malpropres.

Le lendemain, comme notre voiturin, selon nos conventions, devoit nous nourrir, il ne demandoit qu'à

---

l'état « fort convenable » de sa maison, le palais Carolis situé sur le Corso vis à vis de la place Saint-Marcel.

Claude-François de Montboissier de Canillac était entré à la Rote depuis juillet 1733, succédant à l'abbé de Gamaches ; il devint vice-doyen de ce tribunal et mourut à Paris le 27 janvier 1761.

Il avait reçu le baptême dans l'église Ne-De de Brioude, le 17 octobre 1699, la tonsure par l'évêque de Saint-Flour, Mgr d'Estaing, le 30 mai 1711, le titre de chanoine-comte de Saint-Jean, le 22 juillet 1715.

Outre ce bénéfice, dont il toucha les revenus, augmentés de 500 livres annuelles pour la maison du cloître qu'il n'occupait pas, titres, honneurs, abbayes le dédommagèrent de rester simple prélat : docteur en théologie et sociétaire à Navarre, il eut le cordon bleu, la commande des abbayes de Saint-Pierre-de-Mont-Majour, de Cercamp et de la Trinité de Fécamp ; le nonce Calvachini et Joannes Milo le nommèrent leur vicaire général et lui abandonnèrent les nominations dépendantes de Saint-Michel de l'Ecluse.

A Rome, cependant, son crédit subit quelque éclipse. Peu sympathique à Benoit XIV, « qui se plaignait de ses petites finesses », il eut, avec nos divers ambassadeurs, le duc de Saint-Aignan, le faire diligence, aussi nous fit-il lever longtemps avant le jour, dans le dessein d'aller coucher au-delà de Terni, qui est le terme où s'arrêtent ordinairement les voyageurs, le second jour de leur départ de Rome. Aussi je vins dire la messe à Narni, éloigné de Citta nove de 16 mille. C'est une petite ville plus jolie que la première et dans un meilleur pays, mais montagneux tout couvert d'oliviers et de vignobles pour venir, dis-je, coucher à une auberge appellée Streture, éloignée de Narni, de 15 mille.

Le troisième jour nous passâmes par Spolète, petite ville épiscopale fort belle et dans un beau pays, pour venir dîner à Foligni. Après avoir fait 20 mille dans la matinée, je dis la messe à la cathédrale qui est fort

---

cardinal de Tencin, Mgr de La Rochefoucauld, archevêque de Bourges, des rapports momentanément difficiles, à cause de l'Eglise nationale de Saint-Louis dont il prétendait s'attribuer l'administration. Cependant il géra l'ambassade, pendant les diverses vacances du titulaire, sans jamais parvenir à se fixer dans ce poste qu'il semble avoir désiré par-dessus tous les autres.

Sa présence, à la Primatiale, nous est signalée deux fois dans les manuscrits des sous-maîtres Doudain et Pailleu : le 6 août 1754, jour de la Transfiguration, il oblige à réciter matines *à priva*, pour une faute commise dans l'invitatoire ; il paraît de nouveau au chœur à la grand'messe du 11 octobre 1760. Il se rendait alors à Paris, nous dit le perpétuel, et il se mit du côté gauche à son rang de réception. L'enfant de chœur, continue la note que nous abrégeons, lui fit la révérence, après l'avoir encensé comme les dignités : mais le plus grand nombre le trouva mauvais. On ne lui donna pas de carreau.

On lit dans *Choiseul à Rome*, de M. Maurice Boutry (p. 292), un mémoire où le duc apprécie assez sévèrement la conduite de Mgr de Canillac. Terminons cependant par ce mot de Mgr de Tencin, qui contrebalance bien des critiques et concorde mieux avec l'impression de M. Visse : « Il est aimé de tout le monde ».

belle et dont le baldaquin a quelque rapport à celui de Saint-Pierre de Rome. La ville est bien percée et à la porte il y a un canal qui conduit à la mer, on y mange d'excellents poissons. Après dîner nous en partîmes pour venir coucher à 14 milles de là au bourg de Seravalle.

Le quatrième jour, nous fimes 30 mille pour venir coucher à Maceratte, mauvaise auberge. Il n'y a sur toutte la route pendant cette journée qu'une ville appellée Tolentin. Nous rencontrâmes à Macerate une pélerine napolitaine qui venoit de Lorette, elle avoit un habit long à la vérité, mais les bottes de la manche étoient semblables à celle d'un cavalier, fendues et galonnées. Ses cheveux étoient en bourse et, sur la tête, elle avoit un chapeau retroussé et bordé d'argent.

Le cinquième jour, nous partîmes de Macerate de grand matin, pour arriver de bonne heure à Lorette, dont nous n'étions qu'à treize mille, en passant par Recanati, ville épiscopale à une lieue de Lorette. Il n'étoit que huit heures quand nous y arrivâmes.

Lorette est une ville épiscopale, sur le bord de la mer, qui n'est considérable que par le concours des pélerins qui viennent honorer la Sainte-Vierge dans la magnifique et riche chapelle qui a pour titre *Dei paræ Domus in quâ Verbum caro factum est*, qu'on appelle *alma domus, sancta casa*. La tradition du païs est qu'en 1291, les anges transportèrent de la Palestine dans la marche d'Ancône, la chambre où la Sainte-Vierge étoit, lorsque l'ange Gabriel lui annonça l'incarnation du Verbe. Trois ans après, cette même maison fut transportée du lieu où les anges l'avoient d'abord placée, dans celui où elle est maintenant, il s'appelle Lorette, parce que le champ où les anges reposèrent cette sainte maison appartenoit à une pieuse dame appellée Laurette. L'Eglise fut commencée sous le Pontificat de Pie II, vers l'an 1460. C'est un grand bâtiment fort exhaussé avec deux ailes, une de chaque côté de la grande nef, avec un dôme au milieu, sous lequel est posée la chapelle de la Sainte-Vierge, dont on a fait une chapelle.

Cette chapelle est longue de 40 pieds, large de 20, haute de 25. Elle est de briques et revêtue par le dehors d'une incrustation de marbre, embellie de bas-reliefs et de figures d'un travail inimitable. La petite chambre est sans fondement et l'incrustation ne fait que l'entourer sans toucher à ses murailles. Comme la chapelle est isolée, la dévotion des pélerins est d'en faire le tour sur leurs genoux. La répétition fréquente de cette cérémonie a creusé le marbre, de sorte qu'on voit tout autour la place des genoux marquée. La longueur de la chapelle est partagée en deux, de sorte que derrière l'autel il y a ce qu'on appelle la sainte Camine, où est la statue de la Sainte-Vierge avec l'Enfant Jésus. Leurs robes sont des tissus d'or tout semés de perles ou de pierres précieuses. Leurs couronnes d'un prix inestimable. La niche toutte revêtue de lamel d'or. Autour des images de la Vierge et de l'Enfant Jésus, on voit deux chaînes enrichies de pierres prétieuses avec une croix d'émeraudes estimée quatre mille ducats. Une robe de la Sainte-Vierge (car elle en a plusieurs), donnée par l'archiduchesse Isabelle, est semée de deux mille cinq cents diamants. Une autre donnée par Philippe IV est enrichie de six mille trois cent quarante-huit diamans. Elle est estimée vingt mille ducats.

On voit à côté de l'Evangile un ange d'argent de la taille d'un homme tenant entre ses mains et présentant à la Sainte Vierge un enfant d'or du poids de vingt-quatre livres, dans un plat bassin de vermeil sur un coussin d'argent ; c'est la figure du Dauphin Louis XIV, que Louis XIII et la reine Anne d'Autriche, son épouse, donnèrent, en conséquence d'un vœu qu'ils avaient fait pour obtenir un dauphin. Le coussin sur lequel repose la tête de l'enfant porte cette inscription latine.

Acceptum a Virgine Delphinum
Gallia Virgini reddit.

A ce présent, qui est d'un travail exquis et qui est estimé plus de cent mille écus, le roy et la reine joignirent deux couronnes d'or enrichies de diamans, l'une pour la mère et l'autre pour l'enfant, que le pape Urbain VIII fit mettre sur leur tête à la place de celles que les habitans de Recanati y avoient fait placer et qui, selon une concession de Jules II, y devoient toujours rester.

Ce ne sont pas les seules richesses qu'on voye dans cet auguste sanctuaire : il y a soit dans la Sainte-Camine soit dans le reste de la chapelle, dix lampes d'or, dont quelques-unes pèsent jusqu'à soixante-quatre marcs, et quarante d'argent, qui font une belle et continuelle illumination. Outre ces cinquante lampes toujours allumées, il en reste encore une trentaine environ, sçavoir sept d'or pur comme les dix dont je viens de parler et le reste d'argent, en tout soixante dix-neuf ou quatre-vingts.

Je ne parle pas des autels, des chandeliers, du

rétable, des ornements de l'autel et des autres richesses de cette chapelle, non plus que de son thrésor qui
est peut-être le plus riche qui soit au monde. Je ne
finirois pas si je voulois rapporter ce qu'il renferme
de prétieux en argent, en or et en pierreries, en diamans, en perles. Turselin a fait une histoire de Lorette
dans laquelle il a détaillé tout ce que renferme cet
inestimable thrésor.

Après cette digression qui ne paroît pas déplacée,
je reviens à mon récit. Dès que j'eus mis pied à terre,
je me rendis malgré la pluye à la chapelle de la Sainte-
Vierge, je me confessai pour me préparer à dire la
Sainte Messe. Il falloit pour cela un *Celebret*. Le
Siège étoit vacant et le grand vicaire du Chapitre
se préparoit avec ses collègues les chanoines à recevoir le cardinal Colonne (1) qui se trouva le même
jour à Lorette, dans le dessein d'y faire ses dévotions
et de satisfaire sa pieuse curiosité. Le hasard voulut
ou plutôt la Providence permit qu'en attendant le
cardinal il se détacha pour un moment et vint à la
Sacristie. On me le fit connaître, je lui présentoi mon
Celebret de Rome et il mit le sien au bas.

Il y a deux sacristies à Lorette' une pour les prêtres
seulement qui ont dessein de dire la messe à la chapelle de la Madone, et l'autre pour ceux qui la disent
aux autres chapelles de l'Eglise. Je préféroi la première à la seconde ,par l'envie que j'avois de dire la

---

(1) Deux cardinaux portaient alors ce nom, l'un et l'autre
de la promotion faite en 1743 : Prosper Colonna de Sciarra et
Jérôme Colonna, camerlingue et promajordome, très-cher à
Benoît XIV ; d'après Choiseul il n'aurait eu nulle espèce de
mérite ; c'est probablement ce dernier qui visitait Lorette.

messe à l'autel de la Sainte-Vierge. Mais on ne passe qu'à son rang et, comme bien des prêtres étoient avant moy, il fallut attendre longtems. Je n'en fus pas fâché, parce que ce délai me procura l'avantage de voir commodément le riche et prétieux thrésor de cette église. En effet, après que le cardinal eût été reçu avec toutte la distinction que méritoit son rang, il entendit la messe, qui fut chantée en musique. A l'issue de la messe les chanoines le conduisirent en grand cortège, suivi de sa maison, dans le thrésor attenant à la sacristie. Pour ne pas incommoder Son Eminence, on ne laissa entrer que quelques prêtres du nombre desquels j'étois et les domestiques du cardinal. Comme le chanoine qui montroit les reliques parloit italien, je compris bien peu de chose de ce qu'il disoit sur le prix, la rareté des pièces prétieuses qui composent ce thrésor. Je remarquai un soleil d'argent et un devant d'autel aussi d'argent en bas relief, d'un travail exquis.

L'heure de la messe étant venue, le sacristain me prévint sur l'intention. J'avois envie de la dire pour moi, mais il falloit ou la dire à la décharge de la sacristie ou renoncer au bonheur de la dire dans la Sainte-Case. Pour me le procurer, je fis ce que le sacristain voulut. On n'attend pas pour aller à l'autel que le prêtre qui y est en soit revenu, dès qu'il est à la communion il faut partir et, pour ne pas perdre de temps, dès qu'il commence le dernier évangile, le prêtre qui lui succède commence l'*Introïbo*, pendant lequel un chapelain prépare le calice, cherche la messe et se tient toujours au coin de l'autel, pour accélérer autant qu'il peut. Après la communion, il purifie lui-même le calice, pendant que le prêtre dit la communion et les oraisons qui suivent ; ce qui oblige d'en user de la sorte, c'est le grand nombre des messes de fondation dont cette sacristie est chargée, quoique la rétribution soit de trente sols. Il étoit près de midi quand je sortis de l'autel, aussi beaucoup plus content du bonheur tant désiré que j'avois eu de dire la messe dans la Sainte Maison que je n'avois sujet de l'être des manières des sacristains, surtout d'un qui me traitta avec dureté et me fit un passe-droit en faisant passer avant moi un religieux qui n'étoit arrivé que longtemps après.

Mon action de grâces faite, je me retirais à l'auberge, mais il ne me fut pas possible de résister aux invitations des marchands qui se trouvèrent sur la route. Il fallut faire emplette de chapelets, médailles, etc.

Le voiturier, de mauvaise humeur et grondeur de son naturel, avoit déjà dîné quand nous arrivâmes à l'auberge, mon compagnon et moi. Nous dinâmes ensemble un peu précipitamment, pour pouvoir avant notre départ aller faire toucher à quelques reliques de la Sainte Vierge nos emplettes. La proposition que nous en fîmes à notre conducteur irrita sa bile plus fortement, mais sans y avoir égard, nous nous rendîmes pour la dernière fois à la chapelle de la Sainte-Vierge, nous entrâmes l'un après l'autre dans la sainte Camine où tout est marbre, argent, or, pierreries, diamans, et après avoir satisfait notre curiosité et mis sous les auspices de la sacrée Vierge le reste de notre voyage, nous vînmes promptement monter en chaise.

DE LORETTE A TURIN.

Notre pélerin arriva de Lorette à Ancône, la nuit close. « C'est l'endroit, dit-il, de toute l'Italie, où nous fûmes mieux reçus, logés, traittés ». La route se continua ensuite par Sinagaglia, Rimini, Savigniano, Cezena, Forli, Faenza. Imola et Bologne. Voici quelles furent les impressions de M. Visse dans la patrie de Benoit XIV, où il entra neuf jours après son départ de Rome, le dimanche 28 octobre, sur les onze heures du matin.

Bologne est une des plus grandes et des plus belles villes d'Italie et la seconde des villes ecclésiastiques. On la nomme ordinairement la grasse, à cause de la fertilité de son terroir. Cette ville est très bien bâtie et la plupart de ses rues ont des galleries par arcades, de sorte qu'on y peut marcher sans être incommodé, ni du soleil, ni de la pluye. La forme de sa structure ressemble assez bien à celle d'un vaisseau. Il y a, au milieu de la ville, la tour de Gliosinelli, quiest fort droite et fort haute, qu'on nomme le mât de ce vaisseau ; outre cette tour, il y a encore celle de la Cassenda, qui panche d'un côté. L'église cathédrale dédiée à saint Pierre est bâtie sur le modèle de Saint-Pierre de Rome. La largeur de sa grande voûte est admirable, le chœur est très propre, le maître-autel orné de colonnes de marbre. Benoît XIV, qui en étoit archevêque lorsqu'il fut nommé Pape, a retenu ce siège dont il a emploïé les revenus à faire aggrandir le nef au moins d'un bon tiers ; il lui manque, pour être une des plus belles églises d'Italie, un portail et une place par devant. Car le Séminaire qui est vis à vis ne laisse entre deux qu'un peu plus de la largeur d'une rue.

Le couvent des Dominicains est un des plus magnifiques de Bologne, on voit dans l'église du couvent le tombeau de saint Dominique, fondateur de cet ordre. J'eus le bonheur d'y dire la messe. Le chœur est derrière l'autel. Il est remarquable par ses sièges, qui sont tous de mosaïques ou pièces rapportées et mises en couleur avec tant d'art qu'elles représentent l'histoire de l'ancien et du nouveau Testament. On voit dans l'église de Ste-Claire le corps de sainte Catherine de Bologne, fondatrice de cette maison. L'église des Jésuites et celle des Philippins sont très belles. En général, Bologne est peut-être la ville du monde où il y a plus de belles maisons religieuses et d'églises magnifiques. On y trouve aussi partout de grandes rues, de jolies fontaines, de belles places et de magnifiques Palais. J'entrai dans un, dont les meubles sont superbes. Sans parler des tableaux, des statues, je vis une chambre tapissée de velours ciselé cramoisi, le lit étoit de velours cramoisi brodé d'or. Au milieu de la chambre il y avoit une cuvette d'argent du poids de 90 liv. au pieds du lit à droite et à gauche, deux anges d'argent de la grosseur d'un homme, tenant chacun un guéridon, dans l'alcôve, une glace avec plusieurs plaques d'argent très-bien travaillées. Il m'en coûta un tesson pour satisfaire ma curiosité.

Après la visite de Bologne, Modène, Parme, « dont le palais en réparation ne parut pas plus remarquable que nombre de maisons à Lyon », Reggio, Plaisance, « considérable par la beauté de ses places, de

ses rues, de ses fontaines, de ses édifices saints et pro-
fanes », arrêtèrent peu nos touristes, harcelés sans
cesse par le moins patient des cochers. Pavie et Milan
devaient leur fournir plus de curiosités admirées à
loisir ; mais laissons reprendre la parole à notre
écrivain pour nous les décrire et pour nous raconter
sa mésaventure aux portes de Turin.

Pavie est une ville du duché de Milan, capitale du
Pavesan, située dans une belle plaine, sur la rivière du
Tessin, à cinq lieues de Milan. Elle est fameuse par la
prise de François Ier. Le territoire du Pavesan est si
fertile qu'on l'appelle le jardin de Milan. On y voit
nombre d'églises magnifiques. Celle des religieux Au-
gustins, dépositaires du corps de saint Augustin, est
très célèbre. De Pavie à la belle Chartreuse, il y a
environ deux lieues, elle est un peu éloignée du grand
chemin, mais on y va par une belle allée large au
moins de cinquante pieds, bien sablée. On apperçoit
d'abord un portail qui annonce quelque chose de grand,
on entre ensuite dans une grande cour un peu plus
longue que large. Le portail de l'église qui est de
marbre, avec des bas-reliefs très bien travaillés, se pré-
sente en face. Au côté droit est un corps de logis bien
bâti de la longueur de la cour, de l'autre côté il n'y a
qu'un mur. En arrivant je trouvai un des procureurs,
à qui je fis mon compliment qu'il écouta fort froide-
ment. Il s'apperçut bien que j'étois un étranger qui
souhaittoit voir les curiosités de la maison, il me dit
donc et à mon compagnon d'aller à l'église attendre un
frère chargé de ce soin. Après l'avoir attendu quelque
tems, ce frère arriva enfin et nous fit parcourir touttes

les chapelles, l'une après l'autre, qui sont touttes réellement dignes d'être vues par leurs richesses, soit en marbre, en dorure, peinture, architecture. Les sièges du chœur, qui est derrière l'autel, sont comme ceux de Bologne de mosaïques ou de pièces rapportées peintes en différentes couleurs, qui représentent les différents traits de la vie de saint Bruno.

Après l'église, nous vîmes le cloître autour duquel il y a vingt-quatre cellules bien bâties et couvertes de plomb aussi bien que le cloître. On nous fit ensuite monter dans l'appartement des étrangers, où on n'oublia pas de nous faire remarquer la chambre qu'avoit occupé le sérénissime Infant Dom Philippe, dans laquelle il y avoit le portrait d'une dame trop découverte à mon sens pour avoir place dans une maison religieuse. Pendant que le Prince occupoit seul un appartement assez vaste, les officiers généraux de ses troupes logeaient dans les cellules des religieux, qui n'en conservèrent que six pour vingt-quatre qu'ils étoient. Après avoir satisfait notre curiosité, le frère qui nous servoit de mentor nous conduisit à la porte sans nous offrir un verre de vin, quoique ces chartreux aient à ce qu'on dit cent mille écus de rente, ce qui me donna occasion de mander à Lyon : *Carthusiani Ticinenses sunt multum divites, sed parum liberales.*

Au sortir des Chartreux, il fallut monter en chaise pour venir dîner à une lieue de là. En approchant de Milan, le chemin est large, plein, bordé de chaque côté d'un fossé large et profond où coule, depuis Pavie jusqu'à Milan, une eau vive et claire.

Nous arrivâmes à cette dernière ville sur les quatre ou cinq heures. Cette capitale du Milanois est située dans une belle plaine à cinq ou six lieues de Pavie. On la nomme avec raison Milano la grande, car elle a dix milles de circuit, 22 portes, 96 paroisses, 230 églises, 40 couvents de religieux, 40 de religieuses, dix hôpitaux qui entretiennent jusqu'à 9000 pauvres. L'église cathédrale qu'ils appellent Dôme est toutte revêtue de marbre blanc dedans et dehors, mais l'injure du temps l'a un peu noirci. Il y a 600 statues de même et 160 colonnes d'une telle grosseur qu'à peine trois personnes en peuvent embrasser une. Cette illustre basilique est enrichie de diverses reliques et surtout du corps de saint Charles Borromée. Il repose au pied du grand autel, dans une chapelle souterraine, dans une châsse magnifique posée sur un des gradins de l'autel. Il se dit un nombre prodigieux de messes devant cette prétieuse relique. J'eus le bonheur d'y célébrer. La chapelle est presque toutte revêtue de lames d'argent, avec un grand nombre de lampes de même métal.

L'église de St-Ambroise garde le corps de ce saint avec ceux de saint Gervais et de saint Protais. On y voit sur une colonne le serpent de bronze qu'on prétend être celui qui fut élevé par Moyse dans le désert, la chapelle où saint Augustin fut baptisé. Les autres églises sont magnifiques, les places belles, les palais superbes, surtout ceux de Borromée, de Visconty, etc.

Après midi je partis de Milan pour venir coucher à Buffalore. C'est un petit bourg, à cinq lieues de Milan, qui n'a rien de remarquable qu'un canal sur lequel on peut s'embarquer pour aller à Milan. Le chemin de terre est plein, mais couvert par des hayes fort hautes, de sorte qu'on ne voit presque rien de la campagne.

Ce que j'en pus remarquer, c'est que dans un même champ labourable, il y a bled, vin et bois, parce que les vignes s'élèvent sur les arbres de haute futaie qui y sont plantés en allées.

Le lendemain, qui étoit un dimanche, je dis la messe de bonne heure et je partis aussitôt pour venir dîner à Verceille, où nous n'arrivâmes qu'à plus d'une heure après midi, après avoir rasé Novarre sans y entrer. Verceille est une ville épiscopale du Piémont, appartenant au duc de Savoie, située sur une petite rivière qu'on appelle la Sesse, dans un païs fertile. Les commis de la Douane y sont extrêmement rigides. Après dîner nous en partîmes pour venir à Saint-Germain, qui en est éloigné de trois lieues. C'est un village qui n'a rien de remarquable, où nous arrivâmes assez tard et d'où nous partîmes de grand matin pour venir dîner à Chivas, petite ville des états de Savoie en Italie. Elle est fortifiée et située sur le Pô, environ à trois lieues de Turin.

Après y avoir dîné, nous en partîmes pour venir à Turin. Tout le monde sçait qu'elle est depuis longtemps le séjour des ducs de Savoie, aujourd'hui rois de Sardaigne, le siège d'un archevêché. Sa situation charmante, ses palais, ses rues, ses places, lui ont fait donner le nom de Turin la mignonne. La place de Saint-Charles est une des plus belles qu'on voye. La rue du Pô est longue, large, droite, tirée au cordeau. Les maisons y sont touttes symétriques et les portiques donnent commodité de pouvoir s'y promener à l'abri du soleil ou des injures de l'air. Les palais du Roy, de madame la Royale, du prince de Carignan, sont dignes de ceux qui les habitent. Les églises ne cèdent pas en

magnificence aux palais. Celle du Dôme, du Corps
Dieu, des Jacobins, des Jésuites, surtout leur sacristie,
méritent d'être vues.

Je n'entroi point dans cette ville sans être témoin
d'une confusion humiliante que mon compagnon de
voyage essuia de la part des commis des postes. Il avoit
acheté à Milan du velours et de la toile qu'il ne prit
pas la précaution de déclarer. Le voiturin avait mis
l'emplette dans le quaisson de la chaise, en disant qu'on
ne fouilloit jamais dans cet endroit. Il se trompa ou
voulut tromper. La première chose qui fut visitée fut
le quaisson ; on y trouve de la toile et de l'étoffe dont
on ne produit point d'acquit, c'en fut assez pour vili-
pender le maître, confisquer la marchandise et exiger
encore trois ou quatre sequins. Après nous être tirés
de ce mauvais pas nous cherchâmes à nous loger. Les
auberges ne manquent pas à Turin. Nous tombâmes
dans un assez bon logis, où je n'avois pas envie de faire
long séjour. L'envie qu'avoit mon compagnon de
voyage de retirer sa marchandise et ses sequins me fit
prendre la résolution d'aller trouver M. Bruiset, chanoine de Saint-Antoine et supérieur de la maison de
Turin, dans l'espérance qu'il pourroit, par le moïen de
ses amis, nous rendre service. Il étoit absent lorsque
je me présentoi. Il fallut prendre patience jusqu'au
lendemain. Le chagrin de mon compagnon lui ôta
l'appétit et le sommeil. Comme le lendemain étoit jour
de fête, je retournoi à Saint-Antoine, tant pour y dire
la messe, que pour y voir M. Bruiset, supérieur. Il me
fit beaucoup d'accueil, m'invita à loger dans sa maison
avec mon compagnon de voyage. Je commençai par
dire la sainte messe, après quoi nous racontâmes notre

aventure dans l'espérance que, par ses amis, il pourroit
faire rendre les effets qu'on avoit retenu à la douane.
Son crédit fut inutile auprès du directeur, homme d'un
caractère dur tel que l'ont ordinairement les gens de
sa profession. L'argent fut un moïen plus efficace que
tous les autres. Un louis de vingt-quatre livres appaisa les gardes courroucés et leur fit rendre ce qu'ils
avoient saisi. La matinée presque toute entière se passa
à ménager cette restitution. M. le supérieur nous régala
à dîné ; et le soir je cherchai, avec M. le Procureur,
une voiture pour partir le lendemain. En chemin faisant, je vis les curiosités qui se présentèrent.

Le Retour a Saint-Irénée

En sortant de Turin, on trouve une allée d'arbres
qui a trois lieues de longueur. Au milieu de cette allée,
à droite, on peut découvrir une très belle chartreuse.
De Rivoli, nous vînmes coucher à Saint-Ambroise,
bourg du Piémont qui n'a rien de remarquable. Le
lendemain nous vînmes dîner à Suze, petite ville
où le roi de Sardaigne tient garnison, aussi bien qu'au
fort de la Brunette, qui n'est qu'à deux ou trois cents
pas de Suze. De là à la Novalèze, où nous passâmes la
nuit. Quoique ce ne fut que sur la fin d'octobre, il
souffloit une bize très froide. Le lendemain après avoir
dit la messe, je partis pour traverser la montagne dite
Mont Cenis, sur un mulet fort mal équippé, et la
glace si forte en quelque endroit que les pieds des
chevaux ne marquaient pas leurs fers. Nous arrivâmes
au haut de la montagne sur les onze heures du matin,

tous gelés de froid, où après avoit pris l'air du feu et fait collation (c'était la veille de la Toussaint) je continuai la route sur la montagne. Il y a deux lieues de plaine au milieu de laquelle on trouve un étang où il y a d'excellentes truites. Après avoir marché pendant deux lieues, on commence à descendre du côté de Lanslebourg. La descente est fort rapide, il n'y avoit pas assez de neiges pour se faire ramasser ou se faire descendre sur des traîneaux ; d'ailleurs la montagne a trop de pente pour la descendre à cheval, il fallut le faire à pied. Arrivé à Lanslebourg de bonne heure, j'allai dire mes offices et demander au curé de la paroisse permission de dire la messe le lendemain.

A mon retour, je trouvai l'auberge pleine de cavaliers, de religieux, d'officiers, de sorte qu'on ne s'y connoissoit plus. Nous n'en fûmes pas mieux, ni pour la table, ni pour le lit. Le lendemain, jour de Toussaint, je dis la messe de grand matin et partis vers sept heures pour venir dîner à Modane et coucher à Saint-Michel. Il est à remarquer qu'en sortant de Lanslebourg, pendant environ une lieue, il y a des gens qui accompagnent les chaises et se tiennent du côté des précipices pour empêcher les voitures de verser.

Pendant la nuit, il tomba une si grande quantité de neiges, qu'elles couvrirent les traces des chemins, nous ne laissâmes pas de partir, un peu malgré le voiturin ; mais comme il y avoit trois calèches et quelques cavaliers, l'espérance d'avoir du secours en cas d'accidents l'emporta sur la crainte ; on partit pour venir dîner à La Chambre, éloignée de Saint-Michel de sept lieues. Il faut passer pour y arriver par Saint-Julien, qui est une paroisse auprès de laquelle se tua le

P. d'Ostun qui revenoit de Rome, en voulant éviter un danger dont il étoit menacé. (1) Cette paroisse est à une lieue de Saint-Jean-de-Morienne, ville épiscopale du Duché de Savoye, située sur la rivière d'Arc. La ville est petite et mal bâtie. La Chambre, où nous arrivâmes sur les onze heures, n'a pas plus d'agrément. A peine eus-je mis pied à terre que je courus à l'église la plus proche de l'auberge pour y dire la messe. C'étoit un dimanche. Le Père Gardien des Cordeliers, après avoir lu mes panquartes, me le permit. J'eus assez tôt fini pour me mettre à table avec la compagnie qui étoit nombreuse. Le dîner fini, il fallut remonter en chaise pour venir à Aiguebelle, autre petite ville de Savoye. Nous y arrivâmes assez tard, parce que les quatre lieues qu'on compte depuis La Chambre sont très longues ; l'air du feu, le bon visage de notre hôte, la bonne chère nous dédommagèrent un peu de la fatigue de la journée qui fut très rude, tant par le mauvais tems que les mauvais chemins.

Le lendemain je vins dire la messe à Montméliand, qui est à quatre lieues d'Aiguebelle. J'y dînais et partis ensuite pour venir à Chambéry, qui n'en est loin que de quatre lieues. C'est la capitale de la Savoye, elle est située dans une plaine assez vaste, entre deux petites rivières. Le roy de Sardaigne y avoit un château qui brûla pendant que la Savoye étoit entre les mains de

____

(1) Jean d'Autun, recteur du collège de la Trinité, originaire du diocèse d'Uzès, né le 20 novembre 1680, entré au noviciat de la Compagnie de Jésus, le 11 octobre 1698, mourut le 6 janvier 1750.

M. Visse l'avait rencontré entre Faenza et Imola, quand il se rendait à Rome avec son compagnon le R.-P. Pierre-Claude Frey de Neuville, frère d'un des plus célèbres prédicateurs du XVIIIᵐᵉ siècle, et personnage important dans sa Compagnie.

Dom Philippe. Ce prince pensa périr dans l'embrasement. Elle a un Sénat composé de quinze sénateurs et de neuf présidents avec une chambre des comptes. M. de Grenoble y exerce, en qualité d'évêque, la juridiction ecclésiastique.

Je ne fis que souper et coucher dans cette ville. J'en partis le matin pour venir dîner aux Echelles, près desquels Victor-Amédée, le père de Charles-Emmanuel de Savoye, roy de Sardaigne, fit ouvrir dans les rochers, ce chemin qui servit à transporter de l'artillerie dans un tems de guerre. Des Echelles je vins coucher au Pont-Beauvoisin, qui est une petite ville coupée en deux parties par la rivière, dont une est France et l'autre Savoye. De là, à la Tour-du-Pin, à Bourgoin, à la Verpillière, à Saint-Laurent-de-Mur, qui sont toutes paroisses du Dauphiné, et j'arrivai à Lyon le 6 novembre 1749, avant midi, en bonne santé.

Ainsi finit mon voyage, commencé le 23 aoust de la même année (1).

---

(1) Pendant l'impression de ces pages, il est tombé entre nos mains un document nous permettant d'ajouter un titre nouveau à ceux que nous connaissions déjà de Mr Visse. Le supérieur de Saint-Irénée a été prébendier de la Bâtie, dans l'église de Chandieu en Forez, près Montbrison. Mr de Vaugimois le nomma en sa qualité de prieur du lieu et très probablement, c'est avec les économies réalisées sur le revenu annuel de ce modeste bénéfice que furent couverts les frais du voyage d'Italie. (*Registre 167me des Insinuations ecclésiastiques du diocèse de Lyon*: page 159. ARCH. DÉPART. DU RHONE.

Cette prébende avait été fondée par Pierre de la Bâtie, prieur de Chandieu, de Bar et de Sail-sur-Couzan ; il lui avait assigné par acte du 11 Juillet 1482 une rente de dix livres tournois et les profits de la moitié d'un étang, situé au territoire de La Pra.

TRÉVOUX, IMP. J. JEANNIN